IMAGINE 1

NIVEAU A1

MÉTHODE DE FRANÇAIS

Marie-Noëlle Cocton
coordination pédagogique

Marianne Ellafaf
Marie Gouelleu
Louise Rousselot

Couverture : Primo&Primo
Calligraphie de la couverture : Valentine Choquet
Principe de maquette et mise en page : Ariane Aubert
Coordination éditoriale : Claire Dupuis
Édition : Clothilde Mabille
Recherches iconographiques et droits : Aurélia Galicher
Cheffe de studio : Christelle Daubignard
Illustrations : Valentine Choquet et Mathieu de Muizon
Enregistrements, montage et mixage des audios : Studio Quali'sons, Jean-Paul Palmyre
Montage, habillage sonore, animation, mixage et sous-titrage des vidéos : INIT Productions

« Le photocopillage, c'est l'usage abusif et collectif de la photocopie sans autorisation des auteurs et des éditeurs. Largement répandu dans les établissements d'enseignement, le photocopillage menace l'avenir du livre, car il met en danger son équilibre économique. Il prive les auteurs d'une juste rémunération. En dehors de l'usage privé du copiste, toute reproduction totale ou partielle de cet ouvrage est interdite. »

« La loi du 11 mars 1957 n'autorisant, au terme des alinéas 2 et 3 de l'article 41, d'une part, que les copies ou reproductions strictement réservées à l'usage privé du copiste et non destinées à une utilisation collective » et, d'autre part, que les analyses et les courtes citations dans un but d'exemple et d'illustration, « toute représentation ou reproduction intégrale, ou partielle, faite sans le consentement de l'auteur ou de ses ayants droit ou ayants cause, est illicite. » (alinéa 1er de l'article 40) « Cette représentation ou reproduction, par quelque procédé que ce soit, constituerait donc une contrefaçon sanctionnée par les articles 425 et suivants du Code pénal. »

© Didier FLE, une marque des éditions Hatier, Paris 2022.

ISBN : 978-2-278-10381-2 / 978-2-278-10417-8

Dépôt légal : 10381/01 - 10417/02

Achevé d'imprimer en Italie en juillet 2022 par Lego Lavis (Lavis)

éditions didier s'engagent pour l'environnement en réduisant l'empreinte carbone de leurs livres. Celle de cet exemplaire est de :
750 g éq. CO₂
Rendez-vous sur
www.editionsdidier-durable.fr

IMAGINE 1 est une méthode de français langue étrangère destinée aux adolescents.

Cette collection s'appuie sur les principes pédagogiques décrits dans le *Cadre européen commun de référence pour les langues* (2001, 2018) et sur les *Compétences clés pour l'éducation et la formation tout au long de la vie* du Cadre européen. Elle constitue le fruit du travail d'une équipe d'auteurs enseignants-formateurs aux expériences professionnelles variées.

Les objectifs d'*Imagine* :
faciliter l'enseignement et l'apprentissage
motiver les apprenants
aller à la rencontre de l'autre et du monde francophone

FACILITER L'ENSEIGNEMENT ET L'APPRENTISSAGE, c'est :

- s'appuyer sur une structure récurrente et un code-couleur, > voir mode d'emploi p. 4
- suivre une progression simple et rassurante, > voir tableau des contenus p. 6
- s'entraîner au quotidien à l'aide d'outils et d'activités complémentaires (précis, cahier, site compagnon, guide pédagogique…),
- mémoriser facilement grâce à des astuces linguistiques, des mémos et des cartes mentales, > voir cahier d'activités
- réviser, évaluer et s'évaluer (révise ton lexique/unité, préparations au DELF, tests dans le guide pédagogique…).

MOTIVER LES APPRENANTS, c'est :

- plonger les apprenants dans le quotidien de personnages récurrents et attachants,
- mettre en œuvre une approche active, coopérative et dynamique,
- faire apprendre avec plaisir grâce à des jeux, des activités ludiques et des chansons,
- encourager l'effort, accompagner l'élève et reconnaître son individualité,
- inviter à résoudre des énigmes au fil des unités pour aboutir au résultat de l'enquête,
- proposer de relever des défis (tâches finales) en fin d'unité.

ALLER À LA RENCONTRE DE L'AUTRE ET DU MONDE FRANCOPHONE, c'est :

- découvrir un environnement culturel moderne,
- échanger sur sa culture et les cultures du monde (cuisine, musique, cinéma…),
- voyager dans des villes francophones,
- approfondir ses connaissances dans des matières en français (sciences de la vie et de la Terre, histoire, mathématiques…),
- reconnaître ses compétences et celles d'autrui (compétences clés).

Sans oublier les essentiels (lire, écrire, comprendre, parler)
et tous les possibles à… ***imaginer*** !

Mode d'emploi

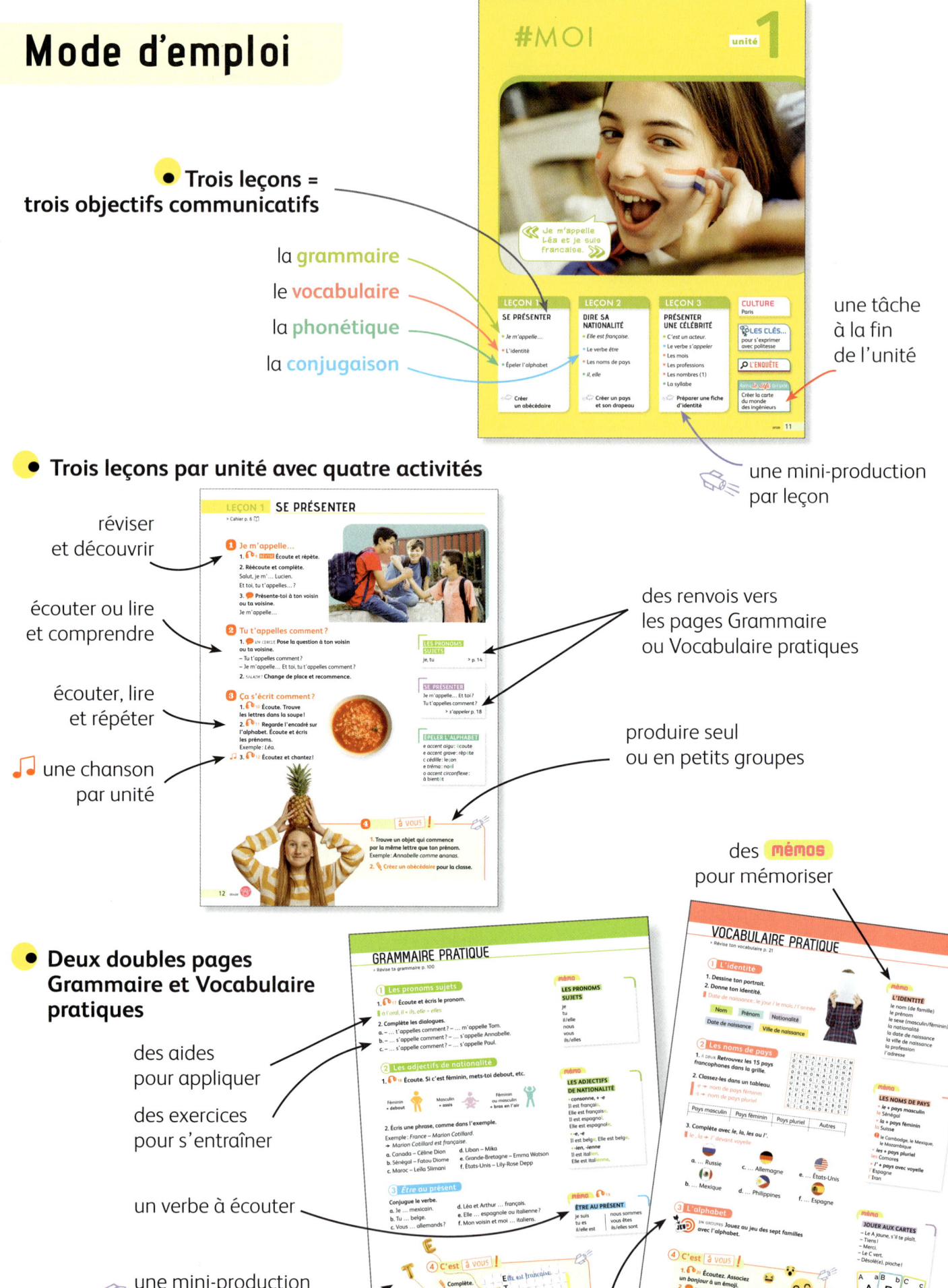

- **Trois leçons = trois objectifs communicatifs**
  - la grammaire
  - le vocabulaire
  - la phonétique
  - la conjugaison

- une tâche à la fin de l'unité
- une mini-production par leçon

- **Trois leçons par unité avec quatre activités**
  - réviser et découvrir
  - écouter ou lire et comprendre
  - écouter, lire et répéter
  - une chanson par unité

- des renvois vers les pages Grammaire ou Vocabulaire pratiques
- produire seul ou en petits groupes
- des mémos pour mémoriser

- **Deux doubles pages Grammaire et Vocabulaire pratiques**
  - des aides pour appliquer
  - des exercices pour s'entraîner
  - un verbe à écouter
  - une mini-production par page

- des jeux pour s'amuser

- **Une page Culture**

  des informations culturelles

  des échanges interculturels

  des BD et romans francophones

- **Des compétences clés à acquérir en trois étapes**

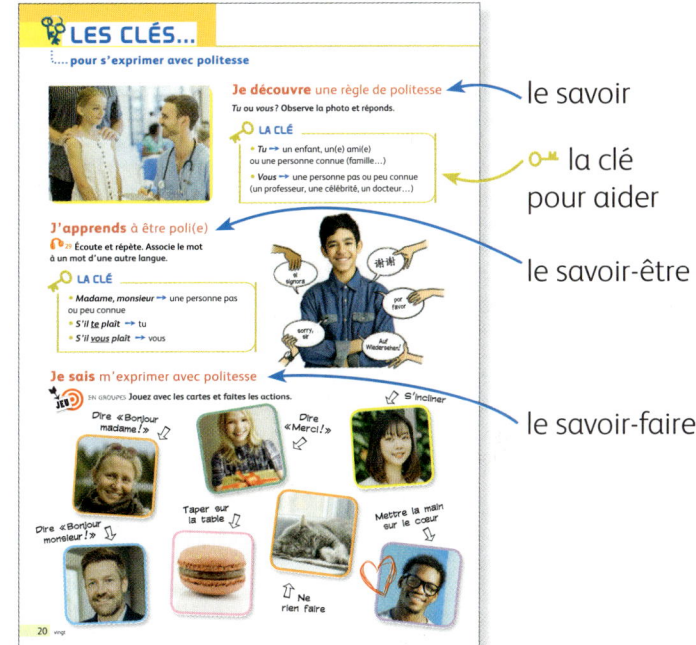

  le savoir

  la clé pour aider

  le savoir-être

  le savoir-faire

- **Une page de révision lexicale**

  une astuce pour mémoriser

  le vocabulaire à écouter

  deux activités pour mémoriser

- **L'enquête**

  > voir l'explication de l'enquête p. 10

  3 indices à trouver

- **La tâche finale**

  un mémo pour accompagner la tâche

IMAGINE 1

	OBJECTIFS DES LEÇONS	GRAMMAIRE ET CONJUGAISON
unité 0 p. 8	• Saluer • Compter	• Les articles définis (1)
unité 1 **#MOI** p. 11	1. Se présenter 2. Dire sa nationalité 3. Présenter une célébrité → **Tâche finale:** créer la carte du monde des ingénieurs	• Les pronoms sujets • Les adjectifs de nationalité • C'est… C'est un … Il est… • Être au présent • S'appeler au présent
unité 2 **#COLLÈGE** p. 23	1. Dire son âge 2. Nommer un objet 3. Décrire son emploi du temps → **Tâche finale:** créer un programme d'exposition	• Les articles indéfinis • Le pluriel des noms • Les adjectifs possessifs • Avoir au présent • Parler au présent
unité 3 **#J'AIME** p. 37	1. Présenter un animal 2. Exprimer ses goûts 3. Parler de ses loisirs → **Tâche finale:** créer une affiche pour présenter un animal	• Les articles définis (2) • La négation • Les articles contractés (1) • Les verbes en -er au présent • Faire au présent
unité 4 **#FAMILLE** p. 51	1. Présenter sa famille 2. Décrire ses amis 3. Faire les magasins → **Tâche finale:** créer le jeu des 7 familles de la classe	• Les questions (1): est-ce que, qu'est-ce que • Le genre et le nombre des adjectifs • Les questions (2): quel • Aller au présent • Vouloir et pouvoir au présent
unité 5 **#FRIGO** p. 65	1. Dire l'heure 2. Parler de son alimentation 3. Faire ses courses → **Tâche finale:** créer un marché et faire ses courses	• Les adjectifs démonstratifs • Les partitifs • Les quantités • Boire et manger au présent • Acheter au présent
unité 6 **#CHEZMOI** p. 77	1. Dire où on habite 2. Aller en ville 3. Indiquer un chemin → **Tâche finale:** créer une carte interactive	• Les articles contractés (2) • Les prépositions: à, en • L'impératif affirmatif • Habiter et venir au présent • Prendre au présent

✔ **Préparations DELF A1** > p. 35, 63, 91
✔ **Carte de France** > p. 93
✔ **Imagine… en français!** > p. 94
✔ **Révise ta grammaire** > p. 100
✔ **Révise ta conjugaison** > p. 108
✔ **Phonétique** > p. 110
✔ **Transcriptions** > p. 112

VOCABULAIRE	PHONÉTIQUE	CULTURE	COMPÉTENCES-CLÉS
• Les couleurs • Les chiffres (0 à 9) • Les objets de la classe	• L'alphabet		
• L'identité • Les noms de pays • Les mois • Les professions • Les nombres (1) : 10 à 31	• Épeler l'alphabet • *il, elle* • La syllabe	• Paris 📕 Catherine Grabowski, *Rendez-vous rue Molière*	• Compétence sociale : Je sais m'exprimer avec politesse.
• Le collège • Les objets du collège • Les nombres (2) : 32 à 69 • Les matières scolaires • Les jours de la semaine • Les saisons	• L'intonation montante • *un, une* • Le son [ɔ̃]	• L'école outre-mer 📕 Mélissa Verreault, *Les Couleurs primaires*	• Compétence mathématique : Je sais construire un objet.
• Les animaux • Les verbes d'appréciation • Les loisirs • Les sports • Les verbes de loisir	• Les sons [ə], [ɛ] et [e] • L'élision • Le son [ʒ]	• Les Jeux olympiques 📕 Adriana Kritter, *Qui êtes-vous, monsieur Eiffel ?*	• Sensibilité et expression culturelles : Je sais former un orchestre.
• La famille • La description physique • Le caractère • Les vêtements • Des styles	• Le e muet • Le son /R/ • Les sons [u] et [y]	• Une famille d'artistes 📕 Gaël Faye, *Petit Pays*	• Compétence numérique : Je sais communiquer par e-mail.
• L'heure • Les aliments • Les boissons • Les commerces • Les nombres (3) : 70 à 300	• Le son [œ] • Les sons [s] et [z] • La liaison en [z]	• Cuisines francophones 📕 Laure Mi Hyun Croset, *Après la pluie, le beau temps*	• Esprit d'initiative : Je sais planifier et organiser un repas pour la classe.
• Les pièces de la maison • Les logements • Les moyens de transport • Les nombres ordinaux • Les lieux de la ville	• Le son [ʃ] • Les sons [b] et [v] • Le son [ã]	• Lyon 📕 Myriam Louviot, *Les Rêves de Jules Verne*	• Apprendre à apprendre : Je sais repérer des profils d'apprentissage.

Bienvenue !

1 Bonjour !

1. 🎧 2 Écoute, répète et tape dans tes mains.

2. Fais un geste et dis ton prénom.

3. Les autres répètent ton geste et ton prénom.

LES CONSIGNES
- écouter
- répéter
- dire
- écrire
- lire

2 Les couleurs

1. 🎧 3 Écoute, répète et tape dans tes mains.

2. Réécoute et associe au mot.

orange • noir • violet • jaune • blanc • vert • marron • rose • bleu • rouge

3. Choisis une couleur. Écris la couleur sur un papier. Faites des groupes.

3 C'est à vous !

1. 🎧 4 Écoute et répète.

2. 🎧 5 Écoute, lis à voix haute et tape dans tes mains.
Bonjour, je m'appelle Ayaka : A-Y-A-K-A.

3. Présente-toi au groupe !

UNITÉ 0

4 Les chiffres

1. 🎧6 Écoute et répète.
2. 🎧7 Écoute et écris les chiffres.
3. Regarde la photo et compte les crayons.

5 Des objets de la classe

1. Regarde la photo. Trouve le taille-crayon, les lunettes, les stylos, la règle orange et la calculatrice.

2. Dans la classe, trouve le tableau, le ou la professeur(e) et le livre du ou de la professeur(e).

> **LES ARTICLES DÉFINIS (1)**
> le crayon
> la règle
> les crayons, les règles

Au revoir !

Merci !

Bonne journée !

6 C'est à vous !

6 chaises, 6 volontaires

1. Assieds-toi sur une chaise devant la classe.
2. 🎧8 Écoute, trouve et rapporte !
3. Le professeur enlève une chaise à chaque fois.

L'ENQUÊTE

Dans chaque unité d'*Imagine*, tu découvres des personnages : **Léa**, **Arthur**, **le chien d'Arthur**, **la famille de Léa** et **Élise**.

« Je m'appelle Léa et je suis française. »

« Moi, c'est Arthur. J'ai 12 ans. Mon cours préféré, c'est les sciences. »

« Moi, c'est Choco. Avec Arthur, on adore faire du skate-board le week-end. »

« Dans ma famille, il y a mon père, Damien, ma mère, Charlotte, et mon frère, Lucas. »

« Moi, c'est Élise, l'amie de Léa. J'habite à Bruxelles et j'adore manger ! »

« Avec Arthur, on va souvent au centre-ville. »

Léa habite où ? ENQUÊTE avec les personnages de chaque unité pour répondre aux questions :
⇒ **Léa habite dans quelle ville ?**
⇒ **Quelle est son adresse ?**

Bonne chance !

#MOI

unité 1

« Je m'appelle Léa et je suis francaise. »

LEÇON 1
SE PRÉSENTER
- *Je m'appelle…*
- L'identité
- Épeler l'alphabet

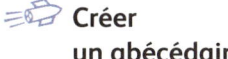 Créer un abécédaire

LEÇON 2
DIRE SA NATIONALITÉ
- *Elle est française.*
- Le verbe *être*
- Les noms de pays
- *il, elle*

 Créer un pays et son drapeau

LEÇON 3
PRÉSENTER UNE CÉLÉBRITÉ
- *C'est un acteur.*
- Le verbe *s'appeler*
- Les mois
- Les professions
- Les nombres (1)
- La syllabe

Préparer une fiche d'identité

CULTURE
Paris

 **LES CLÉS…** pour s'exprimer avec politesse

 **L'ENQUÊTE**

Relève *le défi* de l'unité
Créer la carte du monde des ingénieurs

LEÇON 1 — SE PRÉSENTER

> Cahier p. 6

1 Je m'appelle…

1. 🎧 9 RÉVISE **Écoute et répète.**

2. Réécoute et complète.
Salut, je m'… Lucien.
Et toi, tu t'appelles… ?

3. 💬 **Présente-toi à ton voisin ou ta voisine.**
Je m'appelle…

2 Tu t'appelles comment ?

1. 💬 EN CERCLE **Pose la question à ton voisin ou ta voisine.**
– Tu t'appelles comment ?
– Je m'appelle… Et toi, tu t'appelles comment ?

2. SALADE ! **Change de place et recommence.**

3 Ça s'écrit comment ?

1. 🎧 10 **Écoute. Trouve les lettres dans la soupe !**

2. 🎧 11 **Regarde l'encadré sur l'alphabet. Écoute et écris les prénoms.**
Exemple : *Léa*.

🎵 **3.** 🎧 12 **Écoutez et chantez !**

LES PRONOMS SUJETS
je, tu > p. 14

SE PRÉSENTER
Je m'appelle… Et toi ?
Tu t'appelles comment ?
> *s'appeler* p. 18

ÉPELER L'ALPHABET
e *accent aigu* : **é**coute
e *accent grave* : rép**è**te
c *cédille* : le**ç**on
e *tréma* : no**ë**l
o *accent circonflexe* : à bient**ô**t

4 C'est  !

1. Trouve un objet qui commence par la même lettre que ton prénom.
Exemple : **A**nnabelle comme **a**nanas.

2. ✏️ **Créez un abécédaire pour la classe.**

LEÇON 2 — DIRE SA NATIONALITÉ

UNITÉ 1

> Cahier p. 8

1 Quelle ville ?

1. Regarde les photos.
2. Nomme une ville.
Rome...
3. RÉVISE Épèle le nom des villes.

2 Quel pays ?

🎧 13 Écoute et complète avec *le*, *la*, *les* ou *l'*.

a. France
b. États-Unis
c. Maroc
d. Japon
e. Italie
f. Grèce

> **DES NOMS DE PAYS**
> **le** Sénégal
> **la** Suiss**e**
> **les** Comore**s**
> **l'**Allemagne   > p. 15

3 Quelle nationalité ?

1. 🎧 14 Regarde les photos. Écoute. Ils sont français ?
2. 🎧 15 Écoute. Compte les sons *il* et *elle*.

Léa — Arthur — Élise

> **LES ADJECTIFS DE NATIONALITÉ**
> Il est françai**s**.
> Elle est français**e**.
> Il est belg**e**.
> Elle est belg**e**.
>   > p. 14 > *être* p. 14

3. 🎧 16 JOUE AVEC LES SONS Écoute et répète ce virelangue.
Gilles est à Manille. Estelle est aux Seychelles.
Camille est à Lille. Noël est à Bruxelles.

> **IL, ELLE**
> il → 😮
> elle → 😊

4 C'est à vous !

EN GROUPES

1. 💬 Nommez les pays et les couleurs des trois drapeaux.
2. Créez un nouveau pays et son drapeau.

activité interactive

GRAMMAIRE PRATIQUE

> Révise ta grammaire p. 100

1 Les pronoms sujets

1. 🎧 17 Écoute et écris le pronom.

à l'oral, il = ils, elle = elles

2. **Complète les dialogues.**
a. – … t'appelles comment ? – … m'appelle Tom.
b. – … s'appelle comment ? – … s'appelle Annabelle.
c. – … s'appelle comment ? – … s'appelle Paul.

mémo

LES PRONOMS SUJETS

je
tu
il/elle
nous
vous
ils/elles

2 Les adjectifs de nationalité

1. 🎧 18 Écoute. Si c'est féminin, mets-toi debout, etc.

 Féminin = debout
 Masculin = assis
 Féminin ou masculin = bras en l'air

2. **Écris une phrase, comme dans l'exemple.**

Exemple : *France – Marion Cotillard.*
→ *Marion Cotillard est française.*

a. Canada – Céline Dion
b. Sénégal – Fatou Diome
c. Maroc – Leïla Slimani
d. Liban – Mika
e. Grande-Bretagne – Emma Watson
f. États-Unis – Lily-Rose Depp

mémo

LES ADJECTIFS DE NATIONALITÉ

• **consonne, + -e**
Il est françai**s**.
Elle est français**e**.
Il est espagno**l**.
Elle est espagnol**e**.
• **-e, -e**
Il est belg**e**. Elle est belg**e**.
• **-ien, -ienne**
Il est ital**ien**.
Elle est ital**ienne**.

3 *Être* au présent

Conjugue le verbe.
a. Je … mexicain.
b. Tu … belge.
c. Vous … allemands ?
d. Léa et Arthur … français.
e. Elle … espagnole ou italienne ?
f. Mon voisin et moi … italiens.

mémo 🎧 19

ÊTRE AU PRÉSENT

je suis	nous sommes
tu es	vous êtes
il/elle est	ils/elles sont

4 C'est à vous !

✏️ Complète.

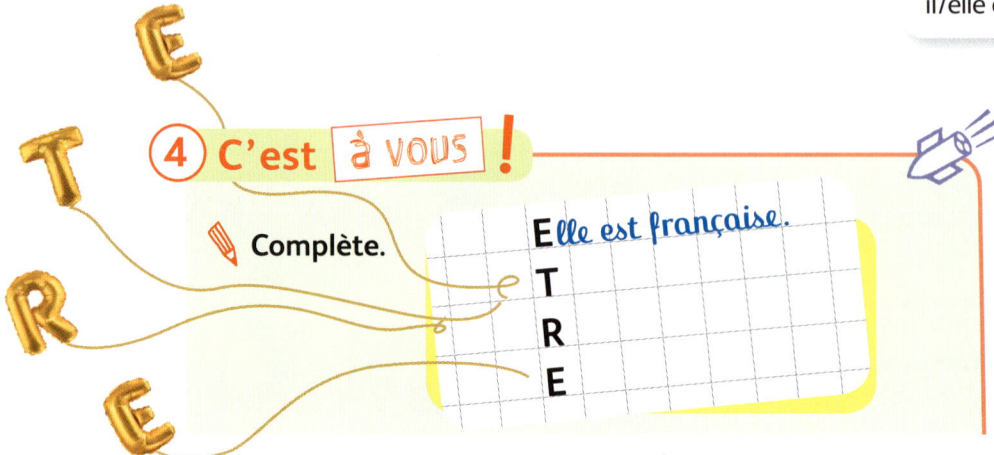

Elle est française.
T
R
E

VOCABULAIRE PRATIQUE

> Révise ton vocabulaire p. 21

1 L'identité

1. Dessine ton portrait.
2. Donne ton identité.

| date de naissance : le jour / le mois / l'année

Nom   Prénom   Nationalité   Date de naissance   Ville de naissance

mémo

L'IDENTITÉ

le nom (de famille)
le prénom
le sexe (masculin/féminin)
la nationalité
la date de naissance
la ville de naissance
la profession
l'adresse

2 Les noms de pays

1. À DEUX Retrouvez les 15 pays francophones dans la grille.

2. Classez-les dans un tableau.

| -e → nom de pays féminin
| -s → nom de pays pluriel

```
T C H A I T I E C M
O N T C H A D H O A
G I S U I S S E N R
O G M O N A C O G O
B E L G I Q U E O C
U R N T U N I S I E
A U C A N A D A E I
S E Y C H E L L E S
L I B A N G A B O N
G I C O M O R E S T
```

Pays masculin	Pays féminin	Pays pluriel	Autres

3. Complète avec *le*, *la*, *les* ou *l'*.

| *l'* + mot avec voyelle

a. … Russie   c. … Allemagne   e. … États-Unis

b. … Mexique   d. … Philippines   f. … Espagne

mémo

LES NOMS DE PAYS

- *le* + pays masculin
le Sénégal

- *la* + pays féminin
la Suisse

❗ le Cambodge, le Mexique, le Mozambique

- *les* + pays pluriel
les Comores

- *l'* + pays avec voyelle
l'Espagne
l'Iran

3 L'alphabet

 EN GROUPES Jouez au jeu des sept familles avec l'alphabet.

mémo

JOUER AUX CARTES

– Le A jaune, s'il te plaît.
– Tiens !
– Merci.
– Le C vert.
– Désolé(e), pioche !

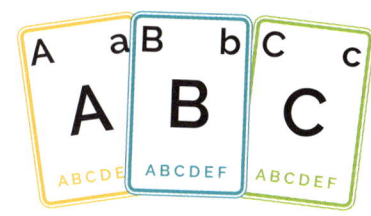

4 C'est à vous !

1. 🎧 20 Écoutez. Associez un *bonjour* à un émoji.

2. 💬 EN CERCLE Choisis un mot. Dis le mot avec une émotion à ton voisin ou ta voisine.

quinze 15

CULTURE

PARIS

On se dit **tout**

Paris, c'est la capitale de la France.

▶ 1 **Regarde la vidéo. Nomme les monuments.**

🌍 **Quelle est la capitale de ton pays ?**

Total **chiffré**

16 C'est le nombre de lignes de métro à Paris.

🎧 21 **Écoute et répète.**

🌍 **Il y a combien de lignes de métro dans ta capitale ?**

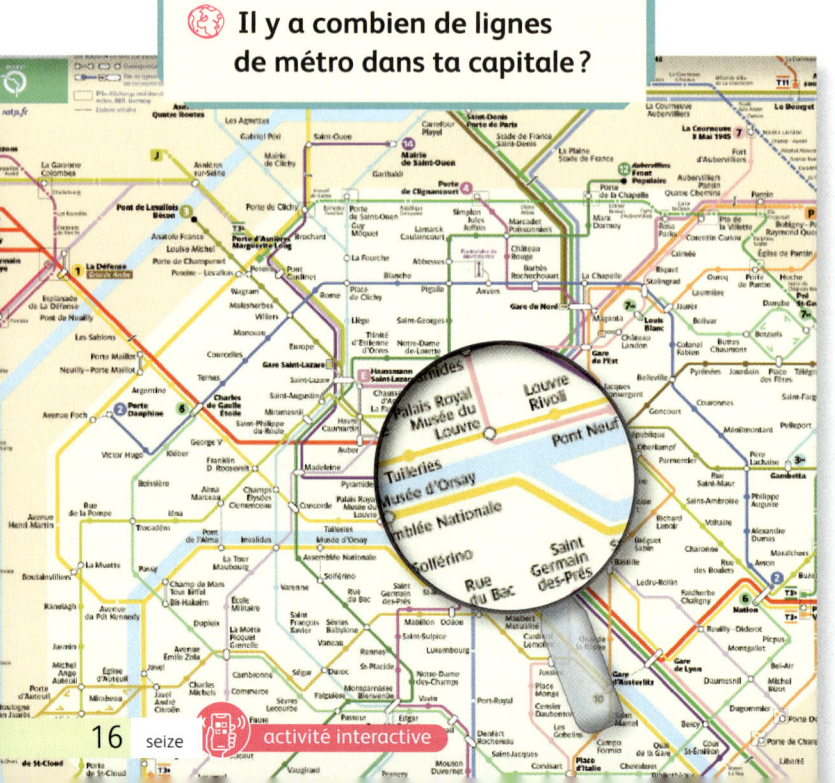

Le coin

...des geeks

C'est la map Paris du jeu vidéo Overwatch.
Trouve le drapeau français.

🌍 **Nomme les couleurs de ton drapeau préféré.**

...des lecteurs

🎧 22 **Écoute. Puis, lis à voix haute.**
Nous sommes en 1934 à Paris. Il a 19 ans. Il s'appelle Vango. Il est français.

🌍 **Nomme un auteur de ton pays.**

...des artistes

Écoute sur Internet la chanson de Joséphine Baker.
Elle est américaine et française.
Elle chante : « J'ai deux amours, mon pays et Paris. »

🌍 **Nomme une chanteuse américaine.**

LEÇON 3 — PRÉSENTER UNE CÉLÉBRITÉ

> Cahier p. 10

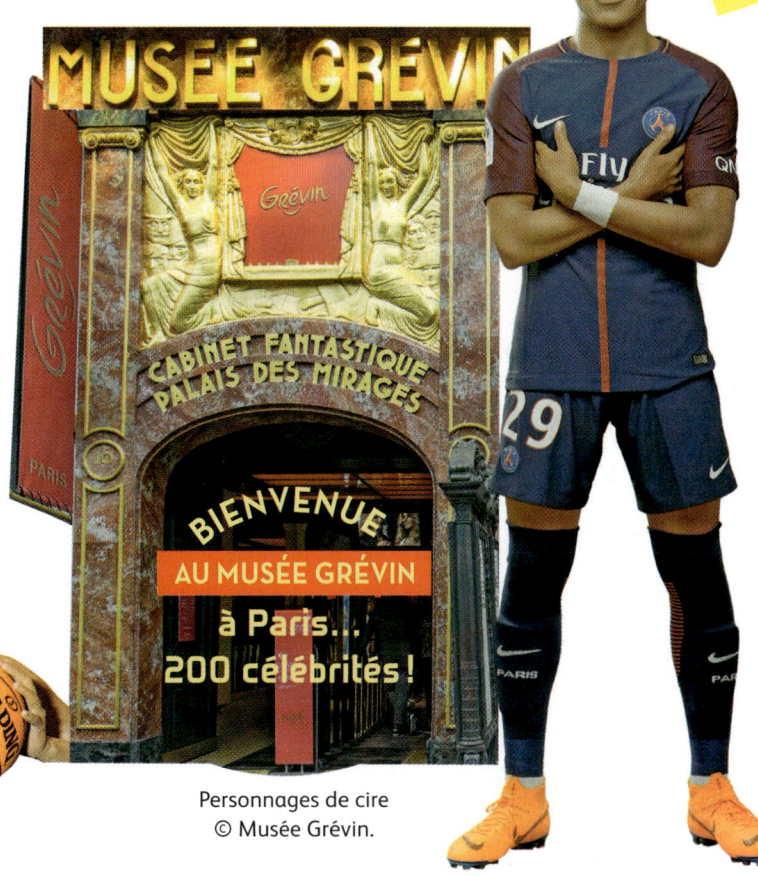

Personnages de cire
© Musée Grévin.

1 C'est qui ?

1. **RÉVISE** Regarde. Il s'appelle comment ? Quelle est sa nationalité ?
   Il s'appelle…   Il est…
2. Quelle est sa profession ?
   C'est un joueur de…

2 Quelle est sa profession ?

1. Nomme ces célébrités.

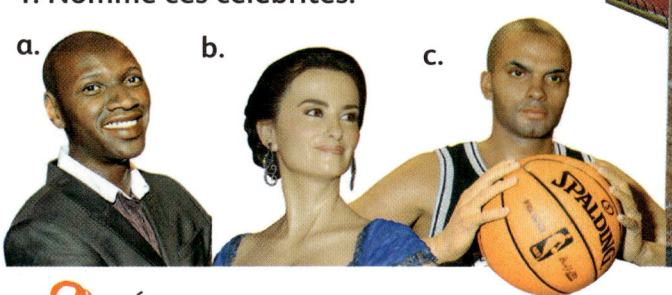

a.   b.   c.

2. 🎧 23 Écoute et vérifie.
3. Quelle est leur nationalité ?
4. Quelle est leur profession ?

3 Je suis une célébrité !

« Molière ne s'appelle pas encore Molière mais Jean-Baptiste Poquelin. Il est né en janvier 1622 au numéro 31 de la rue Saint-Honoré, entre les Halles de Paris et le palais du Louvre. »

Catherine Grabrowski, *Rendez-vous rue Molière*, coll. « Mondes en VF ».

1. Regarde l'image. C'est qui ?
2. Lis le texte. Dis son nom, prénom, sa date et sa ville de naissance.
3. 🎧 24 Écoute. Vérifie tes réponses. Puis répète en tapant des mains. Compte les syllabes !

C'EST…
C'est Omar Sy.
C'est **un** act**eur**.
C'est **une** act**rice**.
> p. 18 > les professions p. 19

DES MOIS
janvier
février   > p. 19

PRÉSENTER UNE CÉLÉBRITÉ
Il/Elle s'appelle…
Il/Elle est acteur/actrice.
C'est Omar Sy.
C'est un acteur / une actrice.
> *s'appeler* p. 18

4 C'est à vous !

1. Choisis une célébrité. Présente-la à ton groupe.
2. EN GROUPES Préparez des fiches d'identité pour le site internet du musée Grévin.

GRAMMAIRE PRATIQUE

> Révise ta grammaire p. 100

1 C'est...

1. Regarde et présente ces personnages.

■ *c'est* + nom

a. Aya

b. Tintin

c. Frnck

2. Ajoute *un* ou *une* et associe une phrase au personnage.

■ *c'est un* + masculin, *c'est une* + féminin

a. C'est … reporter belge.
b. C'est … garçon de 13 ans.
c. C'est … fille ivoirienne.

> **mémo**
> **C'EST…**
> • *C'est* + prénom
> C'est Omar.
> • *C'est un* + nom masculin
> C'est **un** garçon.
> • *C'est une* + nom féminin
> C'est **une** fille.

2 C'est un… Il est…

1. Observe l'exemple et associe.

Exemple : *C'est un acteur. Il est acteur.*

a. C'est
b. Il est
c. Elle est

1. chanteuse.
2. un chanteur.
3. une actrice.
4. un joueur de basket-ball.
5. acteur.

> **mémo**
> **C'EST UN… IL EST…**
> • *C'est un(e)* + profession
> C'est **un** act**eur**.
> C'est **une** act**rice**.
> • *Il/Elle est* + profession
> **Il** est act**eur**.
> **Elle** est act**rice**.

2. 🎧 25 **Écoute, réécris et complète.**

a. Mika, c'est … chanteur … .
b. Soprano ? … est … .
c. Émilie Bierre, c'est … actrice … .
d. Sophie Nélisse, … est danseuse.
e. Roger Federer, c'est … joueur de tennis … .

3 S'appeler au présent

🎧 26 **Écoute et écris le pronom sujet et le verbe.**

> **mémo** 🎧 27
> **S'APPELER AU PRÉSENT**
> je m'appell**e**
> tu t'appell**es**
> il/elle s'appell**e**
> nous nous appel**ons**
> vous vous appel**ez**
> ils/elles s'appell**ent**

4 C'est à vous ! [JEU]

EN GROUPES Jouez au jeu du post-it.

1. 💬 Trouve ta célébrité : pose cinq questions.
C'est un homme ? C'est un chanteur ?…

2. Le groupe répond par *oui* ou *non*.

VOCABULAIRE PRATIQUE

> Révise ton vocabulaire p. 21

1 Les mois

1. Regarde le mémo. Trouve le nom du mois.

2. Lis cette fiche. Présente Angèle.

▌ le + date, en + mois : Elle est née **le** 3 mars. Elle est née **en** mars.

Nom : Van Laeken
Prénom : Angèle
Nationalité : belge
Date de naissance : 03/12/1995
Ville de naissance : Uccle, Belgique
Profession : chanteuse

mémo
LES MOIS

janvier	juillet
février	août
mars	septembre
avril	octobre
mai	novembre
juin	décembre

2 Les professions

1. Associe une profession à une image.

un garagiste – un cuisinier – un acteur – un professeur – un serveur – un architecte – un journaliste – un facteur

 a. b. c. d.  e. f. g.   h.

2. Écris le féminin des professions.

mémo
LES PROFESSIONS

un professeur, une professeure
un/une journaliste
un/une garagiste
un serveur, une serveuse
un acteur, une actrice
un facteur, une factrice
un cuisinier, une cuisinière

3 Les nombres (1)

1. 🎧 28 **Observe, écoute et répète.**

3 + 9 = 12.

2. Calcule. Puis, lis à voix haute à ton voisin ou ta voisine.

a. 7 + 3 = ?
b. 5 + 6 = ?
c. 6 + 7 = ?
d. 8 + 9 = ?
e. 12 + 15 = ?
f. 18 + 13 = ?

mémo
LES NOMBRES (1)

10 ▶ dix	21 ▶ vingt **et** un
11 ▶ onze	22 ▶ vingt-deux
12 ▶ douze	23 ▶ vingt-trois
13 ▶ treize	24 ▶ vingt-quatre
14 ▶ quatorze	25 ▶ vingt-cinq
15 ▶ quinze	26 ▶ vingt-six
16 ▶ seize	27 ▶ vingt-sept
17 ▶ dix-sept	28 ▶ vingt-huit
18 ▶ dix-huit	29 ▶ vingt-neuf
19 ▶ dix-neuf	30 ▶ trente
20 ▶ vingt	31 ▶ trente **et** un

4 C'est à vous !

Je m'appelle Noémie. Je suis belge. Je suis née **le** 21/10/2010 à Bruxelles.

Je m'appelle Louis. Je suis français. Je suis né **le** 12/01/2010 à Marseille.

1. Observe et lis.

2. ✏️ **Écris trois phrases pour te présenter, puis publie ta présentation sur le réseau de la classe.**

LES CLÉS...
..... pour s'exprimer avec politesse

Je découvre une règle de politesse

Tu ou *vous* ? Observe la photo et réponds.

 LA CLÉ

- *Tu* ➜ un enfant, un(e) ami(e) ou une personne connue (famille…)
- *Vous* ➜ une personne pas ou peu connue (un professeur, une célébrité, un docteur…)

J'apprends à être poli(e)

 29 Écoute et répète. Associe le mot à un mot d'une autre langue.

LA CLÉ

- *Madame, monsieur* ➜ une personne pas ou peu connue
- *S'il te plaît* ➜ tu
- *S'il vous plaît* ➜ vous

Je sais m'exprimer avec politesse

 EN GROUPES **Jouez avec les cartes et faites les actions.**

Dire « Bonjour madame ! »

Dire « Bonjour monsieur ! »

Dire « Merci ! »

Taper sur la table

S'incliner

Ne rien faire

Mettre la main sur le cœur

RÉVISE TON VOCABULAIRE

> Cahier p. 13

Astuce-mémoire Lis les mots à voix haute.

L'identité 🎧 30

- le nom (de famille)
- le prénom
- le sexe (masculin/féminin)
- la nationalité
- la date de naissance
- la ville de naissance
- la profession
- l'adresse

Les pays, les nationalités 🎧 31

 l'Allemagne
▶ allemand(e)

 le Cambodge
▶ cambodgien(ne)

 l'Espagne
▶ espagnol(e)

 les États-Unis
▶ américain(e)

 la France
▶ français(e)

 le Mexique
▶ mexicain(e)

 la Suisse
▶ suisse

Les professions 🎧 32

un acteur, une actrice   un/une architecte   un cuisinier, une cuisinière

un facteur, une factrice   un/une garagiste

un/une journaliste   un/une professeur(e)   un serveur, une serveuse

Les mois 🎧 33

janvier	avril	juillet	octobre
février	mai	août	novembre
mars	juin	septembre	décembre

Les nombres (1) 🎧 34

10 dix	15 quinze	20 vingt
11 onze	16 seize	21 vingt et un
12 douze	17 dix-sept	22 vingt-deux
13 treize	18 dix-huit	30 trente
14 quatorze	19 dix-neuf	31 trente et un

ACTIVITÉ 1

➡ À DEUX Présente-toi et présente un(e) ami(e) à ton voisin ou ta voisine.

ACTIVITÉ 2

➡ Compte le nombre de personnes dans la classe.

L'ENQUÊTE

Léa habite dans quelle ville ? #1

Dans ma **1**, il y a **2** arrondissements et une tour **3**.

INDICE N°1

Lis les lettres de l'alphabet morse à voix haute.

➜ **Trouve le mot caché.**

• • • —   • •   • — • •   • — • •   •

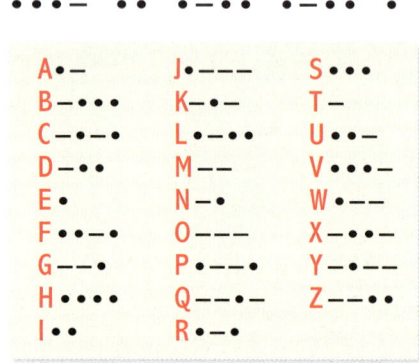

INDICE N°2

🎧 35 Écoute et répète les numéros.

➜ **Trouve le mot caché avec ton voisin ou ta voisine.**

14 5 21 6

INDICE N°3

Observe la photo.
Lis les informations.

➜ **C'est qui ?**

INGÉNIEUR   français   15/12/1832   DIJON   Gustave

Relève *le défi* de l'unité !

EN GROUPES

- 💬 Présente un ou une ingénieur(e) célèbre en 20 secondes.
- Un ou une élève compte jusqu'à 20.
- ✏️ Un ou une élève écrit les informations.

EN CLASSE

- Créez la carte du monde des ingénieurs.

le mémo *du défi*

✓ Il/Elle s'appelle…
✓ Il/Elle est né(e) le + *date* + à + *ville*
✓ Il/Elle est + *nationalité*
✓ Il/Elle est + *profession*

#COLLÈGE

unité 2

> « Moi, c'est Arthur. J'ai 12 ans. Mon cours préféré, c'est les sciences. »

LEÇON 1
DIRE SON ÂGE

- *J'ai des copains.*
- Le verbe *avoir*
- Le collège
- Les nombres (2)
- L'intonation montante

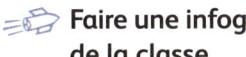 Faire une infographie de la classe

LEÇON 2
NOMMER UN OBJET

- *Ce sont des gommes.*
- Les objets du collège
- *un, une*

 Nommer l'objet caché

LEÇON 3
DÉCRIRE SON EMPLOI DU TEMPS

- *Mon jour préféré, c'est…*
- Le verbe *parler*
- Les matières scolaires
- Les jours de la semaine
- Les saisons
- Le son [ɔ̃]

Créer un emploi du temps idéal

CULTURE
L'école outre-mer

LES CLÉS…
pour construire un objet

 L'ENQUÊTE

 Relève *le défi* de l'unité

Créer un programme d'exposition

LEÇON 1 — DIRE SON ÂGE

> Cahier p. 16

1 C'est la rentrée !

1. **RÉVISE** Regarde l'image. Nomme des objets et des couleurs.

2. C'est quand ? Les personnages sont tristes  ou contents  ?

3. 🎧 36 Écoute et associe.
  a. la classe d'Arthur   b. la classe de Léa

  26   Kylian   Théo   24

2 Tu as quel âge ?

1. 🎧 37 Écoute : il/elle a quel âge ?
Arthur • Clara • Hugo • Léa • Laura

2. 💬 Pose la question à ton voisin ou ta voisine. Il/Elle répond.

3. SALADE ! Change de place et recommence.

LES ARTICLES INDÉFINIS
un professeur
une classe
des professeurs, des classes
> p. 26

3 Vous vous appelez comment ?

" — Allô ?
— Bonsoir. Je cherche Karine Desforges. Vous la connaissez ?
— Qui parle ?
— Je suis Camille, une de ses anciennes camarades de classe.
— Camille ? Camille Beaudoin ? "

Mélissa Verreault, *Les Couleurs primaires*, coll. « Mondes en VF ».

1. 🎧 38 📄 Écoute et lis le texte : qui est Karine ?

2. 🎧 39 DEBOUT Écoute, répète et mets-toi sur la pointe des pieds à la fin des questions.

DIRE SON ÂGE
J'ai douze ans. Et toi ?
Elle a 11 ans.
> *avoir* p. 26

L'INTONATION MONTANTE
Vous la connaissez ?

4 C'est à vous !

EN DEUX GROUPES

1. Comptez les garçons, les filles, les nationalités et les âges du groupe.
2. ✏️ Faites une infographie du groupe. Présentez-la à l'autre groupe.

LEÇON 2 — NOMMER UN OBJET

UNITÉ 2

> Cahier p. 18

1 Dans ma trousse, il y a…

1. **RÉVISE** Compte les crayons de ta trousse.

2. 🎧 40 Écoute et regarde l'image. Repère les objets et complète avec *un*, *une* ou *des*.
   - a. gomme
   - b. trousse
   - c. stylos
   - d. cahier
   - e. feutres
   - f. taille-crayon

3. 💬 À DEUX Montre les objets de ton sac à ton voisin ou ta voisine. Il/Elle les nomme.

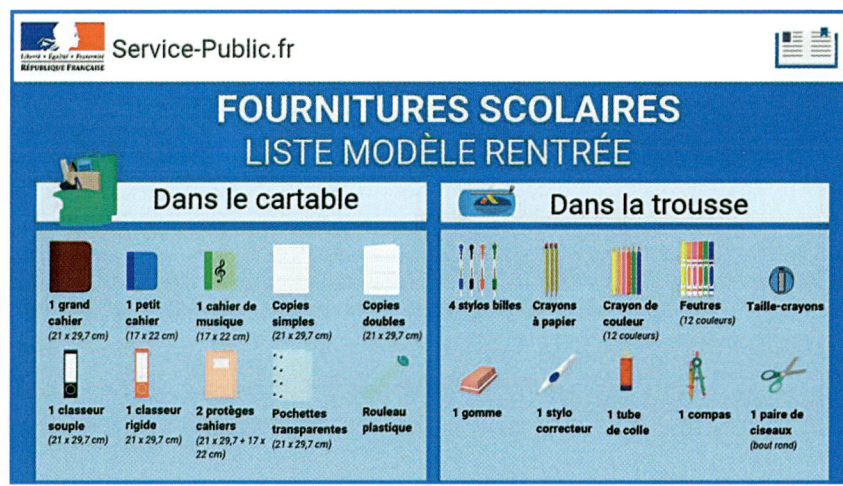

2 Je n'ai pas de…

1. 📖 Regarde l'image et lis le texte.

2. Compte et nomme les objets du sac de Maxime.

3. 💬 Maxime n'a pas trois objets. Demande ces objets à ton voisin ou ta voisine.
   – *Tu as un compas ?*
   – *Non, je n'ai pas de compas…*

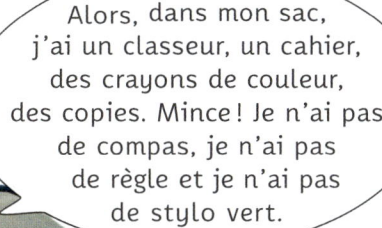

Alors, dans mon sac, j'ai un classeur, un cahier, des crayons de couleur, des copies. Mince ! Je n'ai pas de compas, je n'ai pas de règle et je n'ai pas de stylo vert.

NOMMER UN OBJET
C'est quoi ?
C'est une gomme.
Ce sont des cahiers.
> les objets du collège p. 27

LE PLURIEL DES NOMS
un cahier, une gomme
des cahier**s**, des gomme**s**
> p. 26

3 C'est une colle UHU ?

1. 🎧 41 Écoute. Compte le nombre de *un* et le nombre de sons comme dans *une*.

2. À DEUX Jouez un dialogue avec *un* ou *une*.

🎵 3. 🎧 42 Écoutez et chantez !

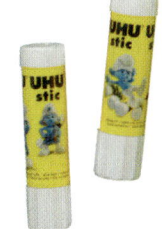

UN, UNE
un → —
une → •

4 C'est  !

À DEUX

1. Ton voisin ou ta voisine regarde les objets sur la table. Il/Elle se retourne. Tu caches un objet.

2. 💬 Il/Elle regarde et nomme l'objet caché.

vingt-cinq 25

GRAMMAIRE PRATIQUE

> Révise ta grammaire p. 100

1 Les articles indéfinis

1. 🎧 43 Écoute. Lève la main si tu entends *un*.

2. Ajoute *un*, *une* ou *des* devant les mots.

un élève, des élèves

a. stylos d. garçons g. professeur
b. collège e. classe h. voisine
c. trousse f. filles i. feutres

3. Transforme comme dans l'exemple.
Exemple : *Oui, j'ai des feutres.* → *Non, je n'ai pas de feutre.*

a. Oui, j'ai une tablette.   c. Oui, elle a des cahiers.
b. Oui, tu as des crayons.   d. Oui, nous avons un livre.

mémo
LES ARTICLES INDÉFINIS
- **un** + nom masculin
  un professeur
- **une** + nom féminin
  une classe
- **des** + nom pluriel
  des professeurs, **des** classes

❗ J'ai **un** stylo. J'ai **des** stylos.
Je n'ai **pas de** stylo.

2 Le pluriel des noms

1. Écris le pluriel des noms.
a. une gomme   c. un cahier   e. une règle
b. un stylo   d. un feutre   f. un crayon

2. Singulier ou pluriel ? Classe les noms.
a. professeurs   c. ciseaux   e. photo
b. classe   d. lunettes f. collège

mémo
LE PLURIEL DES NOMS
- **singulier**
  un cahier, une gomme
- **pluriel : singulier + -s**
  des cahier**s**, des gomme**s**

❗ des ciseau**x**

mémo 🎧 44
AVOIR AU PRÉSENT

j'ai	nous avons
tu as	vous avez
il/elle a	ils/elles ont

3 *Avoir* au présent

Conjugue le verbe.

a. Tu … un cahier, j'… un classeur.
b. Elle … onze ans. Il … douze ans.
c. Dans mon collège, nous … des ordinateurs.
d. Elles … un sac, vous … un cartable.

4 C'est à vous !

JEU

À DEUX Jouez au jeu des 7 différences.

1. Observez les images.
2. ✏️ Trouvez et écrivez les 7 différences.

Léa a un livre rouge, Arthur a un livre…

Léa

Arthur

VOCABULAIRE PRATIQUE

> Révise ton vocabulaire p. 33

1 Le collège

Retrouve six mots du collège.

mémo

LE COLLÈGE
la cantine
une classe
un copain, une copine
la cour
un(e) élève
un(e) professeur(e)
la rentrée
un tableau
un voisin, une voisine

2 Les objets du collège

1. Complète.
Sur le bureau de Léa, il y a…

2. À DEUX Ton voisin ou ta voisine dit une lettre. Écris des noms d'objets avec la lettre.
– T.
– Une trousse, une tablette…

mémo

LES OBJETS DU COLLÈGE
un cahier	une gomme
un cartable	une règle
des ciseaux	un sac
un classeur	une trousse
un compas	un tube de colle
des feutres	

3 Les nombres (2)

1. 🎧 45 **Écoute et regarde : c'est quelle grille ?**

a.
	60	54
46	55	37
32	42	

b.
30		58
46	55	37
	32	61

c.
	61	37
55	48	
30	39	46

mémo

LES NOMBRES (2)
32 ▶ trente-deux
40 ▶ quarante
41 ▶ quarante **et** un
42 ▶ quarante-deux
50 ▶ cinquante
51 ▶ cinquante **et** un
52 ▶ cinquante-deux
60 ▶ soixante
61 ▶ soixante **et** un

2. À DEUX Dis un nombre. Ton voisin ou ta voisine donne le nombre avant et après.

4 C'est

EN GROUPES Jouez au bingo des fournitures scolaires.

1. 💬 Une personne nomme des objets du collège.

2. Entoure chaque objet sur ta grille. Lève la main quand tu as une ligne et lis ta fiche.

CULTURE

L'ÉCOLE OUTRE-MER

On se dit **tout**

▶ 2 **Regarde cette vidéo.**

Ils sont à l'école maternelle, primaire et au collège. Ils vont à l'école en pirogue.
🌍 Et dans ton pays, on va à l'école en pirogue ?

Total décalé !

👁 Regarde les vacances à Wallis et Futuna. Cherche le nom des autres saisons : hiver, été…
🌍 C'est quand, les vacances scolaires dans ton pays ? Et en France ?

Wallis et Futuna	
Année scolaire 2021	Date des vacances scolaires
Vacances 1re période	Du samedi 2 avril 2022 au lundi 17 avril 2022
Vacances d'hiver	Du samedi 4 juin 2022 au lundi 19 juin 2022
Vacances 3e période	Du samedi 6 août 2022 au lundi 21 août 2022
Vacances 4e période	Du samedi 8 octobre 2022 au lundi 23 octobre 2022
Vacances d'été	Du samedi 16 décembre 2022 au lundi 13 février 2023

Le coin

…des traditions

En Polynésie, les enfants des écoles maternelles (de 3 à 6 ans) parlent la langue tahitienne (le reo ma'ohi) dans les chants, la danse et la musique traditionnelles.
🌍 **Dans ton pays, l'école commence à quel âge ? On parle quelle(s) langue(s) ?**

…des lecteurs

🎧 46 Écoute. Puis, lis à voix haute.
Enzo a 11 ans le 11/11. Son prénom a les mêmes lettres que le chiffre 11 : O N Z E. Il est en 6e onze. En cours de SVT, sa voisine, c'est Eva.
🌍 Comment s'appelle la 6e dans ton pays ?

🎤 …des chanteurs

À la rentrée, les élèves achètent des fournitures scolaires.
Écoute sur Internet la « Chanson de la rentrée » de Satine Wallé et note sa liste de fournitures.
🌍 Quelles différences avec ta liste ?

LEÇON 3 — DÉCRIRE SON EMPLOI DU TEMPS

> Cahier p. 20

1. Tu es plus maths ou histoire ?

1. **RÉVISE** Regarde l'image : c'est qui ? Elle a quel âge ?
2. 🎧 47 Écoute : elle parle de son collège, sa classe, ou ses matières ?
3. Réécoute : c'est quoi, ses matières préférées ?

2. Notre emploi du temps

1. Lis, regarde et réponds.
   a. Leur jour préféré, c'est quand ?
   b. Pourquoi ?
   c. Qui parle avec un accent américain ?
2. 💬 EN GROUPES Regarde ton emploi du temps. Dis les matières, un(e) élève trouve le jour.

LES ADJECTIFS POSSESSIFS

Notre prof parle anglais.
Mon jour préféré, c'est le mercredi.
> *parler* p. 30

⏰	LUNDI	MARDI	MERCREDI	JEUDI	VENDREDI
8h > 8h55		Français		EPS	Français
9h > 9h55	Histoire-Géographie	Physique-Chimie	Mathématiques		SVT
9h55 > 10h05	récréation				
10h05 > 11h	Français	Mathématiques	SVT	Histoire-Géographie	Arts plastiques
11h05 > 12h	Français	Anglais	Anglais	Mathématiques	Technologie
12h > 13h30	pause déjeuner				
13h30 > 14h25	Mathématiques	EPS		Français	Histoire-Géographie
14h30 > 15h25	Anglais			Éducation musicale	
15h30 > 16h25				Anglais	

> Notre jour préféré, c'est le mardi. Nous avons sport et anglais. Notre prof parle anglais avec un accent américain. Et vous, c'est quoi votre jour préféré ?

3. Mon jour préféré…

1. 🎧 48 Écoute et repère les informations sur Manon. Fais des phrases.
   a. son collège   1. le mercredi
   b. son professeur préféré   2. monsieur Simon
   c. son jour préféré   3. Léon Blum

2. 🎧 49 **JOUE AVEC LES SONS** Écoute et répète ce virelangue à ton voisin ou ta voisine.

Manon, Simon et Ninon ont un crayon marron.
Ton tonton s'appelle Léon et mon tonton, Siméon.

DÉCRIRE SON EMPLOI DU TEMPS

Le lundi, j'ai histoire.
Le mardi, nous avons sport.
> les matières scolaires p. 31

LE SON [ɔ̃]

[ɔ̃] → 🥑

4. C'est à vous !

1. EN GROUPES Créez une affiche avec un emploi du temps idéal.
2. 💬 Présentez l'affiche à la classe.

GRAMMAIRE PRATIQUE

> Révise ta grammaire p. 100

1 Questions et réponses

RÉVISE Associe les questions et les réponses.

a. – Ça s'écrit comment ?
b. – C'est qui ?
c. – C'est quand ?
d. – C'est quel mois ?
e. – C'est quoi ?

1. – C'est lundi.
2. – Avril.
3. – C'est Marina.
4. – C'est un sac.
5. – C-O-L-L-È-G-E.

2 Les adjectifs possessifs

1. Choisis le bon adjectif possessif.

▌ Regarde le nom : féminin ou masculin ? singulier ou pluriel ?

a. ☐ Sa ☐ Notre ☐ Nos professeur s'appelle monsieur Marchand.
b. ☐ Leur ☐ Notre ☐ Leurs copines sont françaises.
c. ☐ Son ☐ Sa ☐ Ses copain a 12 ans.
d. ☐ Mon ☐ Ma ☐ Mes collège est dans ☐ ton ☐ ta ☐ tes ville.

2. Transforme comme dans l'exemple.

Exemple : *J'ai un livre* ➜ *C'est mon livre.*

▌ *c'est* + nom singulier, *ce sont* + nom pluriel

a. Elle a un professeur.
b. Tu as des stylos.
c. J'ai des cahiers.
d. Ils ont une trousse.
e. Vous avez des copains.

3. Présente la classe d'un ou d'une ami(e) de ton collège à ton voisin ou ta voisine. Utilise *sa, son, ses, leur, leurs*.

mémo

LES ADJECTIFS POSSESSIFS

- *mon, ton, son, notre, votre, leur* + nom masculin singulier
  mon livre

- *ma, ta, sa, notre, votre, leur* + nom féminin singulier
  ma matière

- ❗ *mon, ton, son* + nom féminin singulier avec voyelle ou *h* muet
  mon amie

- *mes, tes, ses, nos, vos, leurs* + nom pluriel
  mes livres, *mes* matières

3 *Parler* au présent

Associe.

a. Je   b. Nous   c. Le professeur   d. Léa et Arthur   e. Vous   f. Tu

1. parles.   2. parle.   3. parlez.   4. parlons.   5. parlent.

mémo

PARLER AU PRÉSENT

je parl**e**	nous parl**ons**
tu parl**es**	vous parl**ez**
il/elle parl**e**	ils/elles parl**ent**

4 C'est à vous !

1. ✏️ Prépare une fiche : ton âge, ton cours préféré, la couleur de ton sac ou de ton agenda.

2. SALADE ! Mélangez les fiches. Tire une fiche et trouve qui c'est.

VOCABULAIRE PRATIQUE

> Révise ton vocabulaire p. 33

1 Les matières scolaires

1. Observe et nomme la matière.

a. b. c. d. e. f.

2. Ton voisin ou ta voisine nomme des fournitures. Tu devines la matière.
– *Une calculatrice, une règle, un compas…*
– *Mathématiques !*

mémo

LES MATIÈRES SCOLAIRES

les arts plastiques
l'éducation musicale
l'EMC (enseignement moral et civique)
l'EPS (éducation physique et sportive)
le français
l'histoire-géographie
une langue vivante
les mathématiques
la physique-chimie
les SVT (sciences de la vie et de la Terre)
la technologie

2 Les jours de la semaine et les saisons

1. À DEUX Regarde un calendrier. Dis une date. Ton voisin ou ta voisine dit le jour de la semaine.

▌ jours et saisons → masculin

– *Le 15 avril.*
– *C'est un jeudi !*

2. 🎧 51 Écoute les mois, répète et dis la saison.

3. Réponds.
a. L'automne, c'est quand ?
b. L'hiver, c'est quand ?
c. Le printemps, c'est quand ?
d. L'été, c'est quand ?

mémo

LES JOURS DE LA SEMAINE

lundi
mardi
mercredi
jeudi
vendredi
samedi
dimanche

mémo

LES SAISONS

| le printemps | l'automne |
| l'été | l'hiver |

3 C'est à vous ! JEU

À DEUX Jouez au jeu de la salière.

1. Choisis un chiffre entre 1 et 9. Ton voisin ou ta voisine ouvre et ferme la cocotte avec le chiffre.

2. 💬 Choisis un nombre et réponds à la question.

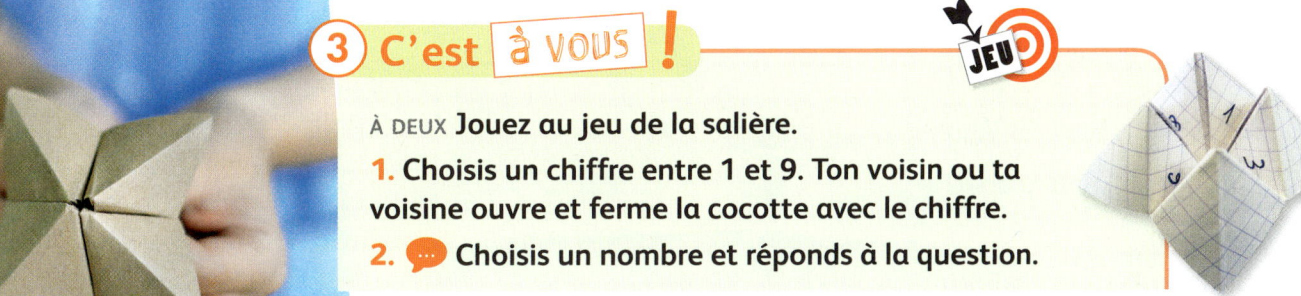

LES CLÉS...
...pour construire un objet

Je découvre les formes

**Observe la photo : c'est quoi ?
Associe un mot à une forme.**

les yeux
la tête
le corps
la bouche
les bras

LA CLÉ

Un objet a des formes.
- un rond
- un carré
- un rectangle
- un triangle

J'apprends à être précis(e)

🎧 52 **Écoute et reproduis.**

LA CLÉ

Pour construire un objet, il faut :
- avoir du matériel (du papier, une règle, un crayon, un compas)
- tracer ✏️ , couper ✂️ , coller 🖍️
- être précis(e)

Je sais construire un objet

À DEUX **Construisez un danbo.**

Tracez des rectangles pour :
⇨ les jambes
⇨ la tête
⇨ les bras
⇨ le corps

Coupez :
⇨ deux ronds pour les yeux
⇨ un triangle pour la bouche

Pliez et collez !

RÉVISE TON VOCABULAIRE

> Cahier p. 23

Astuce-mémoire Écris les mots.

Le collège

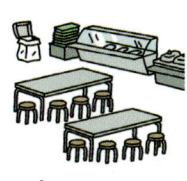 la cantine
 une classe
 la cour

 un(e) élève
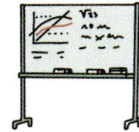 un tableau
 un(e) voisin(e)

Les objets du collège

 un cahier
 des feutres

 un cartable
 une gomme

 des ciseaux
 une règle

 un classeur
 une trousse

 un compas
 un tube de colle

Les matières scolaires

- les arts plastiques
- l'éducation musicale
- l'EMC (enseignement moral et civique)
- l'EPS (éducation physique et sportive)
- le français
- l'histoire-géographie
- une langue vivante
- les mathématiques
- la physique-chimie
- les SVT (sciences de la vie et de la Terre)
- la technologie

Les jours de la semaine

lundi • mardi • mercredi • jeudi • vendredi • samedi • dimanche

Les saisons

 le printemps
 l'été

 l'automne
 l'hiver

Les nombres (2)

32 trente-deux   51 cinquante et un
40 quarante   52 cinquante-deux
41 quarante et un   60 soixante
42 quarante-deux   61 soixante et un
50 cinquante

ACTIVITÉ 1

➡ Ferme le livre et écris des mots avec la lettre *c*.

ACTIVITÉ 2

➡ À DEUX C'est quoi, ton jour préféré? ta saison préférée? ta matière préférée? Dis-le à ton voisin ou ta voisine.

L'ENQUÊTE

Léa habite dans quelle ville ? #2

1️⃣ , avec la 2️⃣ , Léa et moi visitons la cathédrale de notre ville et sa célèbre 3️⃣ .

INDICE N°1

Regarde cette grille.

🎧 59 Écoute, remets les lettres dans l'ordre et trouve le mot caché.

➔ **C'est quel jour ?**

	1	2	3	4	5
1	A	B	C	D	E
2	F	G	H	I	K
3	L	M	N	O	P
4	Q	R	S	T	U
5	V	W	X	Y	Z

INDICE N°3

Nomme les objets. Il y a un objet deux fois.

➔ **C'est quel objet ?**

INDICE N°2

Trouve 10 mots avec quelques lettres ou toutes les lettres. Choisis ton mot le plus long.

➔ **C'est quel mot ?**

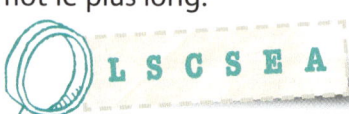
L S C S E A

Relève *le défi* de l'unité !

EN GROUPES
- Imagine : tu es collectionneur d'objets.
- 💬 Présente-toi à ton groupe (nom, prénom, âge, nationalité, etc.) et présente ta collection.

EN CLASSE
- ✏️ **Créez un programme d'exposition** de vos collections avec une présentation des collectionneurs.

le mémo du défi

Se présenter et dire son âge
- ✓ Je m'appelle…
- ✓ Je suis + *nationalité*
- ✓ J'ai … ans.

Nommer un objet
- ✓ C'est un/une…
- ✓ C'est / Il est + *couleur*
- ✓ C'est un rond/carré/rectangle/triangle

PRÉPARE LE DELF

Compréhension de l'oral

Exercice 1 — 4 points

🎧 60 **Lisez les questions. Écoutez le document puis répondez.**
Vous écoutez le message de votre ami français.

1. Luca est… •••••••••••••••••••••• 1 point
   A. italien.   B. français.   C. espagnol.

2. Luca a quel âge ? •••••••••••••••• 1 point
   A. 11 ans.   B. 12 ans.   C. 14 ans.

3. Tu dois prendre quoi ? •••••••••••• 1 point

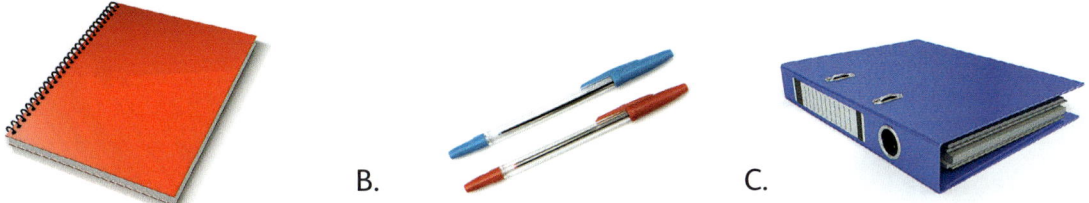

   A.   B.   C.

4. C'est quoi, la matière préférée de Luca ? •••• 1 point

 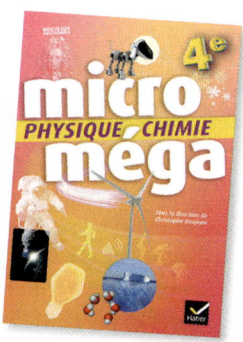 

   A.   B.   C.

Exercice 2 — 5 points

🎧 61 **Vous entendez un message. Quels objets sont donnés dans le message ?**
Vous entendez le nom de l'objet ? Répondez.
Puis vous allez entendre à nouveau le message. Vous pouvez compléter vos réponses.

1	2	3	4	5
A. Oui B. Non	A. Oui B. Non	A. Oui B. Non	A. Oui B. Non	A. Oui B. Non

PRÉPARE LE DELF

Compréhension des écrits

7 points

Vous allez à l'école en France.
Votre professeur écrit
l'emploi du temps
au tableau.
Lisez le document et répondez
aux questions.

> Mardi 27 septembre
> 9 h : histoire-géographie en salle 12.
> ➡ Apporter le classeur bleu.
> 10 h : sport dans le gymnase (basket-ball).
> 11 h : mathématiques ➡ Apporter un cahier et une calculatrice.
> Déjeuner à la cantine
>
> 14 h : langue vivante
> • Groupe A : cours de français avec Mme Vidal (salle 21)
> • Groupe B : cours de chinois avec M. Chen (salle 11)
> 15 h : jeux dans la cour
> 16 h : arts plastiques ➡ Apporter des feutres et du papier rouge.

1. C'est quel cours en salle 12 ? — 1 point
  A. Chinois. B. Mathématiques. C. Histoire-géographie.

2. Pour les mathématiques, le professeur demande… — 1,5 point
  A. un cahier. B. un compas. C. un classeur.

3. Le cours avec Mme Vidal est dans la salle… — 1,5 point
  A. 11. B. 16. C. 21.

4. Les élèves sont où pour les jeux ? — 2 points

A.

B.

C.

5. Le papier rouge, c'est pour quel cours ? — 1 point
  A. Arts plastiques. B. Langue vivante. C. Physique-chimie.

Production écrite

10 points

Vous êtes en France. Vous recopiez ce formulaire pour vous présenter à votre professeur de français.

```
PRÉNOM : ........................     NATIONALITÉ : ........................
ADRESSE (NUMÉRO ET RUE) : ........     LANGUES : ........................
........................              MATIÈRES PRÉFÉRÉES :
VILLE : ........................        • ........................
TÉLÉPHONE : ........................    • ........................
ÂGE : ........................         COULEUR PRÉFÉRÉE : ........................
```

#J'AIME

unité 3

<< Moi, c'est Choco. Avec Arthur, on adore faire du skate-board le week-end. >>

LEÇON 1
PRÉSENTER UN ANIMAL
- *Il aime les chats et les chiens.*
- Les animaux
- Les sons [ə], [ɛ] et [e]

 Écrire une publication

LEÇON 2
EXPRIMER SES GOÛTS
- *Je n'aime pas les musées.*
- Les verbes en *-er*
- Les verbes d'appréciation
- Les loisirs
- L'élision

 Deviner les goûts de quelqu'un

LEÇON 3
PARLER DE SES LOISIRS
- *Tu fais de la natation ?*
- Le verbe *faire*
- Les sports
- Les verbes de loisir
- Le son [ʒ]

 Inventer un sport

CULTURE
Les Jeux olympiques

 **LES CLÉS...** pour former un orchestre

 **L'ENQUÊTE**

Relève *le défi* de l'unité
Créer l'affiche de l'animal de Léa

LEÇON 1 — PRÉSENTER UN ANIMAL

> Cahier p. 26

1 C'est quoi ?

1. **RÉVISE** 🎧 62 Écoute et réponds : c'est quoi ?

2. 🎧 63 Écoute et corrige.
a. C'est un livre.
b. Max est un chat.
c. Le lapin est gris.
d. Chloé est une chienne.
e. Il y a aussi trois oiseaux.

3. 💬 À DEUX Présente un animal de film à ton voisin ou ta voisine.

DES ANIMAUX
un chat, une chatte
un chien, une chienne
un tigre   > p. 41

2 Ton animal préféré ?

1. 📄 Lis le texte. Associe la photo à une personne. Quel est l'animal préféré de : Lou3, Juju, Jeff56 ?

2. ✏️ Choisis une photo d'animal. Présente ton animal.

3. 💬 À DEUX Pose des questions à ton voisin ou ta voisine.
C'est ton animal ? Il a quel âge ?…

forum
C'est quoi, ton animal préféré ?

(Juju) Re : Les chats. J'ai deux chats : un chat blanc et un chat gris.

(Lou3) Re : Les chiens. Voici mon chien. Il s'appelle Tango. Il a trois ans. 💗

(Jeff56) Re : J'aime les lapins blancs… Ils sont trop mignons ! 🐰

3 Vous aimez les animaux ?

1. 🎧 64 Écoute. Écris les mots avec le son souligné.
a. [ə] comme dans *je*
b. [ɛ] comme dans *c'est*
c. [e] comme dans *et*

🎵 2 🎧 65 Écoutez et chantez !

LES ARTICLES DÉFINIS (2)
le chien, **les** chien**s**
la chien**ne**, **les** chien**nes**
                            > p. 40

LES SONS [ə], [ɛ] et [e]
[ə] →    [ɛ] →    [e] →

solovyewadim — Monserrat, Cataluna, Spain
2 171 J'aime

4 C'est à vous !

EN GROUPES

1. Regardez et discutez : C'est quel pays ? C'est quel animal ? Vous aimez la photo ?

2. ✏️ Créez une photo bizarre avec un animal et écrivez une publication.

LEÇON 2 — EXPRIMER SES GOÛTS

UNITÉ 3

> Cahier p. 28

L'île de Nantes, les Machines de l'île, le Grand Éléphant © François Delarozière.

1 C'est quoi ?

1. **RÉVISE** Regarde la photo. C'est quoi ?
2. 🎧 66 Écoute et réponds.
a. C'est quelle ville ?
b. C'est quoi, l'éléphant ?
c. Il y a aussi : des oiseaux ? un calamar ? des tortues ? un escargot ? des chiens ? une araignée ?

2 Tu aimes ?

1. 📖 Lis la publication et les commentaires.
2. Nomme les goûts de Guillaume, Louise et Leïla. Associe les icônes.

a. ❤️❤️❤️ d. ❌
b. ❤️❤️   e. 👎
c. ❤️

3. 💬 À DEUX Pose des questions à ton voisin ou ta voisine sur ses goûts.

Guillaume — Muséum d'histoire naturelle de Nantes

#Nantes #musee #baleine #squelette

Guillaume Je déteste les musées mais le muséum d'histoire naturelle de Nantes est super ! J'adore ! ❤️
Louise7 Moi, je ne déteste pas les musées et j'aime beaucoup ta photo !
Leila.ap Moi, je n'aime pas les musées mais j'aime bien dessiner. Et j'adore les animaux. 🦊🐸

LA NÉGATION
Je **ne** déteste **pas** les musées.
Je **n'**aime **pas** les musées.
> p. 40 > les verbes en -er p. 40

DES LOISIRS
le dessin
les musées
la photographie
> p. 41

3 J'adore !

1. 🎧 67 Écoute et lis le texte. Béatrice aime quoi ?
2. Repère les élisions.

« Ce soir, l'université organise un *Escape Game* pour les nouveaux étudiants. Beatriz aime jouer et apprendre.
– Hello ! dit une jeune femme rousse. Je m'appelle Amber, je suis américaine. J'étudie la littérature française. J'adore Paris ! »

Adriana Kritter, *Qui êtes-vous, monsieur Eiffel ?*, coll. « Mondes en VF ».

L'ÉLISION
je → j' + verbe avec voyelle
me → m' + verbe avec voyelle
ne → n' + verbe avec voyelle
le, la → l' + nom avec voyelle

4 C'est à vous !

1. Sur quatre cartes, écris un nom (loisir, objet…) et un symbole (❤️, 👎).
2. 💬 EN GROUPES Mélangez et retournez les cartes. **Devinez les goûts** de chacun.

GRAMMAIRE PRATIQUE

> Révise ta grammaire p. 100

1 Les articles définis (2)

1. Ajoute l'article.

-s → nom pluriel

a. stylos   c. livre   e. chat
b. table   d. trousses   f. oiseau

2. Réécris les phrases avec l'article.

a. … chien d'Arthur s'appelle Choco.
b. Dans le DVD, il y a … chienne Gidget.
c. … ami de Léa s'appelle Arthur.

mémo

LES ARTICLES DÉFINIS (2)

Pour une chose ou une personne connues.
- *le* + nom masculin
le chien
- *la* + nom féminin
la chienne
- *les* + nom pluriel
les chien**s**
- *l'* + nom avec voyelle ou *h*
l'éléphant, **l'h**ippopotame

2 La négation

1. Observe l'exemple. Puis, transforme les phrases.

ne + verbe + *pas*

Exemple : Je **ne** déteste **pas** les musées. Je déteste les animaux !

a. Je suis un garçon. Je suis un chien !
b. Je m'appelle Tom. Je m'appelle Rio !
c. Nous sommes français. Nous sommes belges !

2. 🎧 68 **Écoute et classe dans un tableau.**

ne → *n'* + verbe avec voyelle ou *h*

ne … pas	n'… pas

mémo

LA NÉGATION

- *ne* + verbe + *pas*
Je **ne** déteste **pas** les musées.
- *n'* + verbe avec voyelle + *pas*
Je **n'a**ime **pas** les musées.

3 Les verbes en -er

🎧 69 **Écoute et choisis une étiquette.**

1ʳᵉ, 2ᵉ, 3ᵉ personnes du singulier et 3ᵉ personne du pluriel = même prononciation

1. détestez   2. détestent   3. déteste
4. détestes   5. détestons

mémo 🎧 70

LES VERBES EN -*ER*

détest**er**, aim**er**, dessin**er**…
je détest**e**
tu détest**es**
il/elle détest**e**
nous détest**ons**
vous détest**ez**
ils/elles détest**ent**

4 C'est à vous !

1. ✏️ Regarde la photo. Écris des phrases avec la négation.

2. À DEUX Comparez vos phrases.

VOCABULAIRE PRATIQUE

> Révise ton vocabulaire p. 47

1 Les animaux

1. Regarde le mémo. Nomme l'animal.

2. Donne le pluriel. Compare avec ton voisin ou ta voisine.

▌ *un animal* ➔ *des animaux, un oiseau* ➔ *des oiseaux*

a. Simon a un cheval.
b. Mathilde aime ton lapin.
c. C'est un chameau.
d. Paul aime son chien.
e. Hélène regarde son chat.

3. EN CERCLE Listez les animaux des personnes de la classe.

mémo
LES ANIMAUX
une araignée
un chat, une chatte
un cheval
un chien, une chienne
un éléphant
un lapin
un oiseau
un poisson
un tigre
une tortue

2 Les verbes d'appréciation

1. Observe et nomme les éléments de la phrase.

▌ *sujet + aimer/détester/adorer + article défini + nom*

a. J'aime les chiens.
b. Elle déteste les tortues.
c. Nous adorons les chats.

2. Déchiffre et forme des phrases.

a. Nous
b. Delphine
c. Vous
d. Ils
e. Raphaël

3. À DEUX Exprime tes goûts à ton voisin ou ta voisine.

▌ *sujet + aimer/détester/adorer + verbe à l'infinitif*

a.   b. 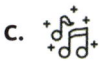   c.   d.

mémo
LES VERBES D'APPRÉCIATION
adorer ⎫
aimer   ⎬ + le, la, les + *nom*
détester ⎭ + *verbe à l'infinitif*

3 Les loisirs

1. Regarde le mémo. Remplace les mots soulignés par un loisir.

a. Il aime Picasso.
b. Elle aime Mozart.
c. Nous aimons Molière.
d. Ils détestent le Louvre et le Guggenheim.
e. Elles adorent Angèle.

2. À DEUX Pose des questions à ton voisin ou ta voisine sur ses loisirs.

mémo
LES LOISIRS
le chant
le dessin
le musée
la musique
la peinture
la photographie
le théâtre

4 C'est à vous ! JEU

1. 🎧 71 Écoutez. Associez un cri d'animal à un animal.
2. 💬 EN CERCLE Faites deviner des animaux à l'aide d'un cri !

CULTURE

LES JEUX OLYMPIQUES

On se dit **tout**

▶ 3 **Regarde la vidéo.**
EN GROUPES **Repérez et nommez les sports.**
Le 1er groupe à nommer 10 sports gagne !

Le **quiz** des JO

Où et quand ?

🎧 72 **Écoute et associe.**

Sydney ○	○ 2028
Athènes ○	○ 2012
Pékin ○	○ 2016
Londres ○	○ 2021
Rio ○	○ 2008
Tokyo ○	○ 2024
Paris ○	○ 2004
Los Angeles ○	○ 2000

🌐 **Pour chaque ville, nomme le pays.**

Le coin
...des geeks

Mario et Sonic font du sport !
Trouve la ville. Repère l'erreur.

...des historiens

Lis à voix haute.
Pierre de Coubertin est un historien français. En 1894, il crée le Comité international olympique. En 1913, il crée le drapeau olympique. Le drapeau est blanc avec cinq anneaux (bleu, jaune, noir, vert et rouge). Les couleurs représentent les continents du monde.

🌐 **Quel est le pays d'origine des Jeux olympiques ?**

...des sportifs

🎧 73 **Écoute l'entraînement sportif.**
Entraîne-toi avec ton voisin ou ta voisine !

🌐 **Nomme des sportifs internationaux.**

LEÇON 3 — PARLER DE SES LOISIRS

> Cahier p. 30

1 C'est qui ?

1. Regarde la photo, lis le titre du texte et dis :
a. son nom.   b. sa profession.

2. RÉVISE Lis le texte. Il aime :
a. quel sport ?
b. quelle musique ?
c. quel objet ?

Alexis Pinturault, skieur professionnel !

Né en 1991 à Moûtiers, Alexis Pinturault découvre le ski très jeune. Il pratique aussi le football.

— Tu fais quoi avant une compétition ?
— J'aime bien écouter du rock : U2, Skip the Use ou Rag'n' Bone Man.

— Il y a quoi dans ton sac de sport ?
— Mon oreiller pour bien dormir !

D'après Dr Good Kids, janvier-février 2021.

2 Tu aimes faire du sport ?

1. 🎧 74 Écoute. Associe les sports à Léa ou Arthur.

 la natation   le football
la danse   le skate-board

2. À DEUX Et toi, tu aimes faire du sport ?

DES SPORTS
le football
la natation
le ski   > p. 45

3 Je fais du théâtre !

1. Regarde. Ils font quoi ?

a.

b.

c.

LES ARTICLES CONTRACTÉS (1)
Il fait **de la** natation.
Elle fait **du** football.
Elle fait **des** matchs.
> *faire* p. 44

2. 🎧 75 Écoute et vérifie. Associe une personne à une photo.

LE SON [ʒ]
[ʒ] → ♪

3. 🎧 76 **JOUE AVEC LES SONS** Écoute et répète ce virelangue.
Le jeudi, j'aime jouer avec Jean et Jeanne à un jeu génial : le jokari.

4 C'est à vous !

À DEUX
1. Nommez chacun un sport.
2. Inventez un sport et présentez-le.

le natafoot

GRAMMAIRE PRATIQUE

> Révise ta grammaire p. 100

1. Masculin ou féminin ? Singulier ou pluriel ?

1. **RÉVISE** 🎧 77 Écoute : masculin ou féminin ? singulier ou pluriel ?

- mots en *-tion* ➜ féminin

2. **RÉVISE** Réponds par écrit : Chloé aime quoi ?

football   danse   escalade

2. Les articles contractés (1)

1. Associe.

- *de l'* + mot singulier avec voyelle

a. Paul fait de la   b. Kim fait des   c. Luc fait du   d. Zoé fait de l'

1. exercices   2. escrime   3. danse   4. skate-board

2. Complète.

a. Léa fait … football.
b. Aurélie fait … peinture.
c. Alexis fait … ski.
d. Assma fait … équitation.
e. Moncef fait … théâtre.

3. Imagine un prénom, un âge, une profession et un sport pour ces trois personnes. Présente-les à ton voisin ou ta voisine.

mémo

LES ARTICLES CONTRACTÉS (1)

- *de la* + mot féminin
Il fait **de la** natation.
- *du* + mot masculin
Elle fait **du** football.
(**le** football)
- *des* + mot pluriel
Elle fait **des** matchs.
(**les** matchs)
- *de l'* + mot singulier avec voyelle
Elle fait **de l'**escalade.

3. *Faire* au présent

Conjugue le verbe.

- on (= nous) + terminaison du verbe avec *il/elle*

a. Et toi, tu … quoi le week-end ?
b. Mon chat … du sport.
c. Ma sœur et moi, on … des jeux.
d. Je … du football le week-end.
e. Est-ce que vous … de la danse ?
f. Théo et Noé … des exercices.

mémo 🎧 78

FAIRE AU PRÉSENT

je fai**s**	nous fais**ons**
tu fai**s**	vous **faites**
il/elle/on fai**t**	ils/elles f**ont**

4. C'est à vous !

1. Lis le texte.

> Salut ! Je m'appelle Thomas. J'ai douze ans. Je suis en 5ᵉ. Le week-end, je fais de l'escrime dans un club. Avec mes amis, je fais aussi du basket-ball. J'adore ça !

2. ✏ Écris un texte pour te présenter et parler de tes activités.

VOCABULAIRE PRATIQUE

> Révise ton vocabulaire p. 47

1 Les sports

1. Regarde le mémo. Associe un objet à un sport.

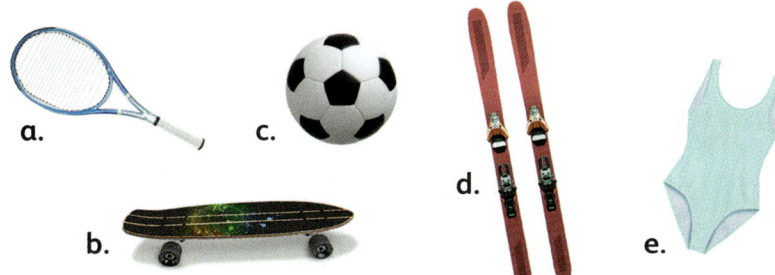

a.   b.   c.   d.   e.

mémo

LES SPORTS
le basket-ball
la danse
l'équitation
le football
la gymnastique
la natation
le skate-board
le ski
le tennis

2. À DEUX Trouvez dix noms de sport en anglais.

-ball, -board, -ing → noms de sport en anglais

3. À DEUX Faites un mini-abécédaire des noms de sport.
A comme athlétisme, B comme…

2 Les verbes de loisir

1. 🎧 79 Écoute et associe une personne et une action.

a. Jules   b. Victor   c. Amélie   d. Léo   e. Lucie

 1.   2.    3.   4.   5.

mémo

LES VERBES DE LOISIR
chanter
danser
dessiner
écouter de la musique
nager
regarder un film
skier

2. Trouve le verbe et conjugue.

> verbes en -er p. 40

a. Le samedi, Paul  .

b. Pendant les vacances, Léa et Léo  .

c. Le week-end, on .

d. Le dimanche, je 〰️ avec mes copains.

e. Ce soir, vous 📺 ?

3. À DEUX Échangez, comme dans l'exemple.

Exemple : *Moi, je nage le dimanche. Et toi, tu nages ?*

3 C'est  !

1. Crée une fiche *Trouve quelqu'un qui…* avec cinq idées.

2. 💬 Cherche les personnes dans la classe. Écris quelques phrases.

Exemple : *Chloé n'aime pas le skate-board mais elle aime la gymnastique.*

LES CLÉS...
...pour former un orchestre

Je découvre un orchestre

Regarde l'image. Lis l'encadré. Repère les personnes.

LA CLÉ

Dans un orchestre, il y a un chef, des instruments et des musiciens.

J'apprends à écouter

🎧 80 Écoute. Regarde l'image précédente et nomme l'instrument.

LA CLÉ

Dans un orchestre, il y a :
- des violons
- des violoncelles
- des flûtes
- des clarinettes
- des trompettes
- des percussions…

Je sais former un orchestre

EN GROUPES **Créez une chanson et formez un orchestre.**

 ① Choisissez un chef d'orchestre.

 ③ Formez un orchestre.

 ② Chacun présente son instrument imaginaire et ses sons.

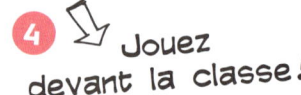 ④ Jouez devant la classe !

46 quarante-six

RÉVISE TON VOCABULAIRE

> Cahier p. 33

Astuce-mémoire Associe un mot à une image dans ta tête.

Les animaux 🎧 81

- une araignée
- un chat, une chatte
- un cheval
- un chien, une chienne
- un éléphant
- un lapin
- un oiseau
- un poisson
- un tigre
- une tortue

Les verbes de loisir 🎧 82

 chanter

 danser

 dessiner

 écouter de la musique

 regarder un film

Les loisirs 🎧 83

- le chant
- le dessin
- le musée
- la musique
- la peinture
- le théâtre

Les sports 🎧 84

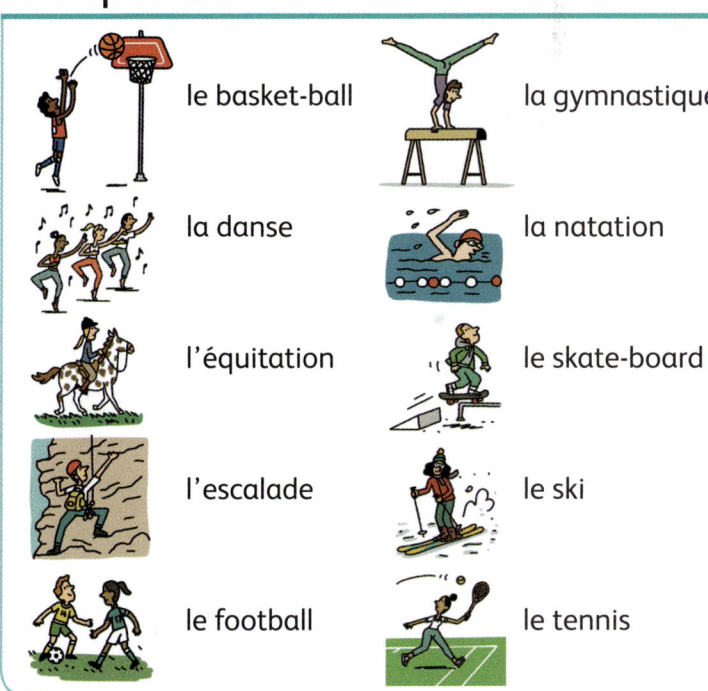

- le basket-ball
- la gymnastique
- la danse
- la natation
- l'équitation
- le skate-board
- l'escalade
- le ski
- le football
- le tennis

ACTIVITÉ 1

➡ À DEUX Mime une activité de loisir ou de sport à ton voisin ou ta voisine.

ACTIVITÉ 2

➡ Trouve 15 verbes en *-er* dans les unités 1, 2 et 3.

L'ENQUÊTE

Léa habite dans quelle ville ? #3

Je m'appelle Choco, comme Chocolat. Je n'aime pas l' **1** mais j'aime bien les **2** du parc de la Tête d' **3** .

INDICE N°1

Regarde ces gâteaux français.
→ **Trouve et nomme l'intrus.**

INDICE N°2

Regarde cet alphabet. Fais les mouvements du mot caché.
→ **C'est quel mot ?**

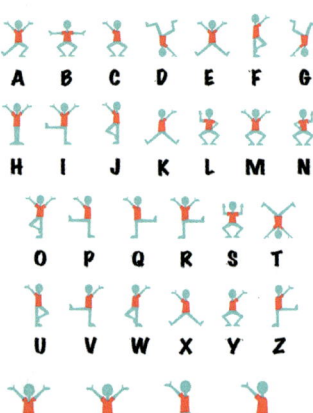

INDICE N°3

Je suis une couleur.
Je suis présente aux Jeux olympiques.
Je ne suis pas sur le drapeau des JO.
Je suis sur le podium.
Je suis numéro 1.
→ **C'est quel mot ?**

C'est la fin de l'enquête, la solution.

Cherche sur Internet le nom de la ville…  Bravo !

Relève *le défi* de l'unité !

EN GROUPES
- 💬 Présentez le chien d'Arthur et ses goûts.
- Choisissez un animal pour Léa.
- ✏️ Créez une affiche pour présenter l'animal de Léa.

EN CLASSE
- Regardez les affiches et votez !

le mémo *du défi*

Présenter un animal
- ✓ C'est …
- ✓ Il/Elle s'appelle…
- ✓ Il/Elle est + *couleur*
- ✓ Il/Elle a + *âge*
- ✓ Il/Elle adore… ≠ Il/Elle déteste…

Exprimer ses goûts
- ✓ Il/Elle aime + *verbe à l'infinitif*
- ✓ Il/Elle n'aime pas le/la/les + *nom*

Le coin BD

Le coin BD

Les Carnets de Cerise, tome 1 de Joris Chamblain & Aurélie Neyret © Éditions DELCOURT.

#FAMILLE

unité 4

> « Dans ma famille, il y a mon père, Damien, ma mère, Charlotte, et mon frère, Lucas. »

LEÇON 1
PRÉSENTER SA FAMILLE
- *Est-ce que tu as une sœur ?*
- Le verbe *aller*
- La famille
- Le *e* muet

➔ **Présenter sa famille en bande dessinée**

LEÇON 2
DÉCRIRE SES AMIS
- *Elles sont petites.*
- La description physique
- Le caractère
- Le son /R/

➔ **Jouer à *Qui est-ce ?***

LEÇON 3
FAIRE LES MAGASINS
- *Tu veux quel pantalon ?*
- Les verbes *vouloir* et *pouvoir*
- Les vêtements
- Des styles
- Les sons [u] et [y]

➔ **Jouer un dialogue**

CULTURE
Une famille d'artistes

LES CLÉS... pour communiquer par e-mail

L'ENQUÊTE

Relève *le défi* de l'unité
Créer le jeu des 7 familles de la classe

LEÇON 1 — PRÉSENTER SA FAMILLE

> Cahier p. 36

1 C'est ma famille !

1. **RÉVISE** Lis le texte et présente Esther (âge, nationalité, ville).

2. *Vrai, faux* ou *je ne sais pas* ?
a. Sa mère s'appelle Manu.
b. Son frère a treize ans.
c. Son père fait du sport.
d. Sa mère est banquière.
e. Dans la famille, il y a quatre personnes.

Je m'appelle Esther. Je suis française et j'ai 10 ans. J'habite à Paris avec ma famille. Mon grand frère s'appelle Antoine. Il a 14 ans. Ma mère travaille dans une banque et mon père, Manu, travaille dans une salle de sport.

2 Tu fais quoi ce week-end ?

1. 🎧 85 Écoute et choisis : Léa ou Arthur ?

- a un chien
- a un frère
- va à Marseille
- va chez ses grands-parents
- a une sœur
- va chez son oncle et sa tante

2. Donne deux informations sur le grand-père de Léa.

3. 💬 À DEUX Discutez : et vous, vous faites quoi le week-end ?

LA FAMILLE
le père, la mère
le frère, la sœur
le grand-père, la grand-mère
> p. 55

EST-CE QUE… ?
QU'EST-CE QUE… ?
– **Est-ce que** c'est le père de ton père ?
– **Non**, c'est le père de ma mère.
– **Qu'est-ce que** tu fais ce week-end ?
– Je vais à Marseille.
> p. 54 > *aller* p. 54

3 Léa et sa famille

1. 🎧 86 Écoute et lis. Est-ce que tu entends le *e* souligné ?

Léa habit<u>e</u> avec sa famille : son pèr<u>e</u>, sa mèr<u>e</u> et son petit frèr<u>e</u> Lucas. La mère de Léa s'appell<u>e</u> Charlott<u>e</u>. Elle est drôl<u>e</u> !

2. 🎧 87 Écoute, répète et choisis.
J'entends / Je n'entends pas le *e* final.

LE E MUET
famill**e** → [famill]
pèr**e**, mèr**e** → [pèr], [mèr]

4 C'est à vous !

1. Dessine les membres de ta famille.

2. ✏️ Comme Esther, écris des phrases et **présente ta famille en bande dessinée**.

LEÇON 2 — DÉCRIRE SES AMIS

UNITÉ 4

> Cahier p. 38

1 Mes amis et moi...

1. Observe le document : c'est quoi ?
2. **RÉVISE** Présente les amis de Léa (prénom, âge).
3. Réponds.
  a. Qui est petite ?   c. Qui est beau ?
  b. Qui est grande ?   d. Qui est brun ?

2 Qui a quel caractère ?

1.  88 Écoute et réponds.
  a. Qui parle ?
  b. C'est quand ?
  c. Qui est dans la classe de Léa ?
2. Réécoute. Qui a quel caractère : Arthur, Emma, Jules ou Alice ?

   bavard(e)   **gentil, gentille**   **sympa**

3. SALADE ! Faites des groupes de caractère.

LES ADJECTIFS
Il est sport**if**.
Ils sont grand**s**.
Elles sont minces.
> p. 54

3 Voici mon amie Laure !

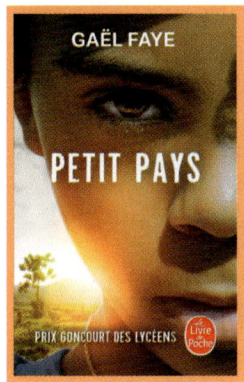

GAËL FAYE — PETIT PAYS — PRIX GONCOURT DES LYCÉENS

66 Cher Gabriel,
Je m'appelle Laure et j'ai 10 ans. Je suis en CM2 comme toi. [...] Je suis grande, j'ai les cheveux blonds jusqu'aux épaules, les yeux verts et des tâches de rousseur. Mon petit frère s'appelle Mathieu. Mon père est médecin et ma mère ne travaille pas. J'aime jouer au basket-ball et je sais cuisiner les crêpes et les gâteaux. Et toi ? 99

Gaël Faye, *Petit Pays* © Grasset.

1. Lis et présente Laure (âge, nationalité, goûts, etc.) et sa famille.
2. Relis. Tu entends le son /R/ dans quels mots ?
3. 89 Écoute et répète.

LA DESCRIPTION
• **le physique**
petit(e) ≠ grand(e)
gros, grosse ≠ mince
blond(e) ≠ brun(e)
• **le caractère**
amusant(e)
gentil, gentille
sympa   > p. 55

DÉCRIRE SES AMIS
Voici mon ami(e) !
Il est grand.
Elle est amusante.
Il/Elle aime...

4 C'est à vous ! JEU

À DEUX Jouez à *Qui est-ce ?*
1. Choisissez un personnage.
2. Posez des questions. Répondez par *oui* ou par *non*.

GRAMMAIRE PRATIQUE

> Révise ta grammaire p. 100

1 Est-ce que… ? Qu'est-ce que… ?

1. Réécris la question avec *Est-ce que* ou *Qu'est-ce que*.

▌ qu' + mot avec voyelle

a. – … tu as des frères et sœurs ? – Oui, j'ai une sœur et un frère.
b. – … il aime au collège ? – Il aime le français.
c. – … tu aimes les maths ? – Non, je n'aime pas les maths !
d. – … elle fait du sport ? – Oui, elle fait du tennis.
e. – … tu fais le week-end ? – Je fais du vélo.

2. À DEUX Pose des questions avec *Est-ce que* ou *Qu'est-ce que* à ton voisin ou ta voisine.

mémo
**EST-CE QUE… ?
QU'EST-CE QUE… ?**

- La réponse est *oui* ou *non*.
  – **Est-ce que** tu as un frère ?
  – **Oui**, j'ai un frère.
- La réponse est ouverte.
  – **Qu'est-ce que** tu aimes ?
  – J'aime **le tennis**.

❗ qu' + mot avec voyelle
Est-ce **qu'**Arthur a une sœur ?
Qu'est-ce **qu'**il fait samedi ?

2 Le genre et le nombre des adjectifs

1. 🎧 90 **Écoute. Si c'est féminin, mets-toi debout, etc.**

 Féminin = debout   Masculin = assis    Pluriel = bras en l'air

2. Réécris le texte. Change *Victor* en *Vanessa*.

Mon ami Victor est amusant, gentil, bavard et curieux. Il est brun et petit. Il n'est pas blond et il n'est pas mince. Il est beau !

Mon amie Vanessa est amusante…

mémo
LE GENRE ET LE NOMBRE DES ADJECTIFS

- **masculin, féminin**
  -e, -e ➔ minc**e**, minc**e**
  consonne, + -e ➔ bru**n**, brun**e**
  -on, -onne ➔ b**on**, b**onne**
  -eux, -euse ➔ curi**eux**, curi**euse**
  -if, -ive ➔ sport**if**, sport**ive**
- **singulier, pluriel**
  masculin, + s ➔ brun, brun**s**
  féminin, + s ➔ brune, brune**s**
  -x, -x ➔ rou**x**, rou**x**

3 *Aller* au présent

1. Complète avec le verbe *aller* + *à* ou *chez*.

▌ *aller à* + ville, *aller chez* + personne

a. – Est-ce que tu … Lyon ce week-end ?
– Non, je … ma sœur, à Paris.
b. Léa … ses amis.
c. – Vous … Nice ?
– Oui, nous … Nice ce week-end.
d. Maria et Rodrigo … Londres.

mémo 🎧 91
ALLER AU PRÉSENT

je vais	nous allons
tu vas	vous allez
il/elle/on va	ils/elles vont

4 C'est à vous !

À DEUX Jouez à la bataille navale.

1. 💬 **Pose des questions à ton voisin ou ta voisine.**
Est-ce que ton père est petit ? Est-ce que ta mère est rousse ?…

2. Repère la famille de ton voisin ou ta voisine sur ta grille.

Touché !   Raté !   Coulé !

 JEU

VOCABULAIRE PRATIQUE

> Révise ton vocabulaire p. 61

1 La famille

Audrey — Bernard

Lucie — Antoine   Hélène — Rémi

Alice   Jules

mémo

LA FAMILLE
les parents : le père, la mère
les enfants : le fils, la fille
le frère, la sœur
l'oncle, la tante
les grands-parents :
le grand-père, la grand-mère

1. Avec les mots du mémo, présente la famille de Sabine.

> L'oncle = le frère d'un parent. La tante = la sœur d'un parent.
> Les grands-parents = les parents des parents.

2. EN GROUPES **Posez des questions aux autres groupes.**
Les parents d'Antoine s'appellent comment ? Est-ce que Jules a un frère ?

2 La description physique

Donne le contraire, comme dans l'exemple.

> On ne prononce pas *t, d, s* à la fin d'un mot.

Exemple : *Il n'est pas mince.* → *Il est gros.*

a. Il n'est pas jeune.   **c.** Elle n'est pas grosse.   **e.** Elle n'est pas petite.
b. Il n'est pas grand.   **d.** Elle n'est pas vieille.

mémo

LA DESCRIPTION PHYSIQUE
beau, belle
blond(e) ≠ brun(e) ≠ roux, rousse
gros, grosse ≠ mince
jeune ≠ vieux, vieille
petit(e) ≠ grand(e)

3 Le caractère

1. Associe.

1. bavard   2. sportif   3. curieux   4. sympa   5. amusant

a. Il aime apprendre.   **c.** Il est drôle.   **e.** Il est gentil.
b. Il aime parler.   **d.** Il fait du tennis et du basket.

2. Quel est ton caractère ?

mémo

LE CARACTÈRE
amusant(e) | gentil, gentille
bavard(e) | sportif, sportive
curieux, curieuse | sympa
drôle

4 C'est à vous !

1. Choisis un personnage de la BD *Astérix*.
2. Décris-le en deux phrases.

CULTURE

UNE FAMILLE D'ARTISTES

On se dit **tout**

▶ 4 **Regarde la vidéo et l'arbre. Présente la famille Chedid.**

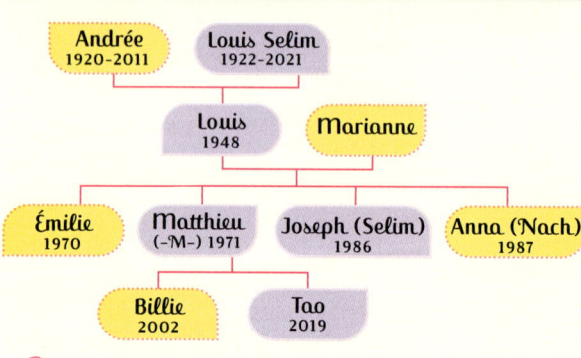

🌍 **Nomme une famille d'artistes de ton pays.**

Total chiffré

40 C'est le nombre de guitares de Matthieu Chedid (-M-). **Et toi, est-ce que tu as une collection ?** Sa guitare préférée, c'est la rose. Elle s'appelle la Billie, comme sa fille. 🌍 **Quelles chanteuses internationales portent le nom de Billie ?**

Le coin ...des cinéphiles

-M-, c'est la musique du film.
-M-, c'est aussi le monstre !
Décris l'affiche.
🌍 **Quel est le titre du film en anglais ? espagnol ? italien ? allemand ?**

...des poètes

« La femme en rouge », c'est une nouvelle d'Andrée Chedid, la grand-mère de -M-. **Décris la femme. Imagine son nom, son âge et son caractère.**

...des artistes

Écoute sur Internet la chanson « Je dis aime » de -M-. C'est un texte d'Andrée Chedid. **Puis, lis à voix haute.** « Je dis Aime / Et je le sème / Sur ma planète / Je dis M… »

LEÇON 3 — FAIRE LES MAGASINS

> Cahier p. 40

1 Tu portes quoi samedi ?

1. **RÉVISE** Regarde l'image. Qu'est-ce que tu vois ?
2. 🎧 92 Écoute le dialogue. C'est qui ? Ils sont où ?
3. Réécoute : vrai ou faux ?
a. Arthur va à l'anniversaire de sa tante.
b. Arthur veut porter un tee-shirt.
c. Le jean d'Arthur est noir.
d. Arthur veut mettre des baskets noires.
e. Léa préfère ses chaussures blanches.

4. 💬 Et toi, est-ce que tu aimes faire les magasins ?

2 Quel est ton style ?

TEST

1. TU PORTES QUEL PANTALON ?
◆ un jean ▲ un jogging

2. TU PRÉFÈRES QUELLE COULEUR ?
◆ le noir ▲ le bleu

3. TU PORTES QUELLES CHAUSSURES ?
◆ des bottines ▲ des baskets

4. TU AIMES QUELS ACCESSOIRES ?
◆ une montre ▲ des lunettes

Réponses : Tu as plus de ◆ : Tu aimes être chic. Tu préfères porter un jean et une chemise.
Tu as plus de ▲ : Tu aimes être à l'aise. Tu préfères porter un jogging, un tee-shirt et des baskets.

1. Quel est ton style de vêtements ? Fais le test !
2. Repère les mots après *quel(le)(s)* : masculin ou féminin ? singulier ou pluriel ?

FAIRE LES MAGASINS

Je peux vous aider ?
Qu'est-ce que vous voulez ?
Vous voulez essayer ?
Je voudrais un jean.
Tu portes quelles chaussures ?
Ça te/vous va bien !
> *vouloir* et *pouvoir* p. 58

QUEL… ?

Tu portes **quel** pantalon ?
Tu aimes **quels** accessoire**s** ?
Quelle couleur ?
Tu portes **quelles** chaussure**s** ?
> p. 58 > les vêtements p. 59

3 Elle veut une jupe ou un pull ?

1. 🎧 93 Écoute et choisis : [u] ou [y] ?
2. 🎧 94 Écoute et complète par *u* ou *ou*.
a. j…er
b. des chauss…res
c. une j…pe
d. r…ge
e. la m…sique
f. une c…leur

🎵 3. 🎧 95 Écoutez et chantez !

LES SONS [u] ET [y]

[u] → 🟢 ←
[y] → 🟢 →

4 C'est à vous !

À DEUX 💬 Vous allez à un anniversaire. Avec un ou une ami(e), vous choisissez vos vêtements. **Jouez le dialogue.**

GRAMMAIRE PRATIQUE

> Révise ta grammaire p. 100

1 Quel...?

1. Associe.

▌ Regarde le nom : masculin ou féminin ? singulier ou pluriel ?

a. Tu veux quel   1. jupe ?
b. Tu préfères quelle   2. couleurs ?
c. Elle porte quels   3. vêtements ?
d. Vous voulez quelles   4. pull ?

2. Complète avec *quel*, *quels*, *quelle* ou *quelles*.

▌ *Tu préfères quelle couleur ? = Quelle est ta couleur préférée ?*

a. Elle porte ... chaussures ?   d. Tu fais ... taille ?
b. Tu veux ... pantalon ?   e. ... tee-shirt est-ce que vous voulez ?
c. Vous portez ... vêtements aujourd'hui ?

3. À DEUX Pose des questions à ton voisin ou ta voisine avec *quel(le)(s)*.

Quelle est ta couleur préférée ? Tu as quel âge ?...

mémo

QUEL... ?

• **Quel** + nom masculin singulier
Tu portes **quel** pantalon ?

• **Quels** + nom masculin pluriel
Elle porte **quels** vêtements ?

• **Quelle** + nom féminin singulier
Vous voulez **quelle** taille ?

• **Quelles** + nom féminin pluriel
Il porte **quelles** chaussures ?

• **Quel(le)(s)** + **être** + nom
Quelle est ta couleur préférée ?

2 *Vouloir* et *pouvoir* au présent

1. 🎧 96 **Écoute et écris le verbe et la personne.**

▌ *à l'oral, veux = veut*

2. Conjugue le verbe *vouloir* ou *pouvoir*.

▌ *je veux* ➜ *politesse : je voudrais*

– Bonjour, monsieur. Est-ce que je ... vous aider ?
– Oui, s'il vous plaît. Je ... un pantalon noir et une chemise blanche.
– Voilà.
– Est-ce que je ... essayer ?
– Oui, bien sûr !
– C'est grand. Vous ... essayer le pantalon en taille 42 ?
– Oui, merci. Et pour la chemise, est-ce que vous ... apporter une taille 40 ?

mémo 97

VOULOIR ET POUVOIR AU PRÉSENT

je veu**x**	je peu**x**
tu veu**x**	tu peu**x**
il/elle/on veu**t**	il/elle/on peu**t**
nous voul**ons**	nous pouv**ons**
vous voul**ez**	vous pouv**ez**
ils/elles veul**ent**	ils/elles peuv**ent**

3 C'est à vous !

1. ✏️ EN GROUPES **Créez un test de personnalité. Écrivez des questions avec *quel(le)(s)*, *est-ce que* ou *qu'est-ce que*.**

Tu aimes quelle couleur ? Est-ce que tu portes des baskets ?...

2. Fais le test des autres groupes.

VOCABULAIRE PRATIQUE

> Révise ton vocabulaire p. 61

1 Les vêtements

1. Recopie le dialogue et remplace l'image par le nom des vêtements et les couleurs.

▎Observe le nom. → *des lunettes bleues* (féminin pluriel)

– Tu mets quoi pour l'anniversaire de Marion ?
– Mon  et une  .
– Et comme  ?
– Mes  . Tu aimes ?
– Oui, j'adore ! C'est très chic ! Et toi, tu portes quoi ? Une ?
– Non. Je mets une , mon  préféré et mes .

2. À DEUX Jouez le dialogue.

mémo
LES VÊTEMENTS
des baskets (fém.)
des bottines (fém.)
des chaussures (fém.)
une chemise
un jean
un jogging
une jupe
des lunettes (fém.)
un pantalon
un pull
une robe
un tee-shirt

3. Observe la photo et décris Tom et sa famille. Ils portent quels vêtements ?
Tom est jeune. Il est petit et mince. Il porte…

Tom

2 Des styles

Observe les photos et décris les personnes.

▎Phrases exclamatives : *Ça te va super bien !*

Exemple : *Il porte… J'aime son style. C'est chic !*

mémo
DES STYLES
C'est beau ! ≠ C'est moche !
C'est chic !
C'est confortable !
J'aime son style.
Ça te va (super) bien !

3 C'est  !

1.  À DEUX **Choisis une photo de toi ou d'un(e) ami(e). Décris les vêtements. Ton voisin ou ta voisine dessine.**
2. **Comparez le dessin et la photo.**

LES CLÉS...

..... pour communiquer par e-mail

Je découvre une messagerie

Regarde et réponds.
Qui écrit ? À qui ? Qui est en copie ?
Quel est l'objet ?

De : lea@yahoo.fr
À : arthurgmail@com
Cc : <lou@laposte_net>
Cci :

Tu as un chapeau ?

Photo chapeau - 11Mo

LA CLÉ

Sur une messagerie, il y a :
- De (expéditeur)
- Objet (sujet du mail)
- À (destinataire)
- Cc (en copie)
- Cci (en copie cachée)
- @ (arobase)

J'apprends la Nétiquette

Lis et trouve les erreurs.

De : lea@yahoo.fr
À : arthurgmail@com
Cc : <lou@laposte_net>
Cci :

Tu as un chapeau ?

Photo chapeau - 11Mo

Salut Arthur,

TU VAS BIEN ?

Ce week-end, je vais chez mes grands-parents.
C'est l'anniversaire de mon grand-père. 🎂 Il a 70 ans !
Je cherche une chemise blanche et un chapeau noir. 🎩
Lou a une chemise blanche mais elle n'a pas
de chapeau noir. Est-ce que tu as un chapeau ?
    Bisous 😘
    Léa

LA CLÉ

Dans un e-mail, attention à :
- l'adresse
- la taille de la photo (maxi 10 Mo)
- écrire l'objet
- ne pas écrire en MAJUSCULES

Je sais communiquer par e-mail

À DEUX Envoie un e-mail à ton voisin ou ta voisine.
Décris une personne de la classe. Ton voisin ou ta voisine devine.

Exemple : *Elle a 12 ans. Elle porte un jean bleu, un pull vert et des chaussures blanches. Elle est sympa et drôle. Qui est-ce ?*

1 — Écris l'e-mail.
2 — Indique l'objet.
3 — Mets ton professeur en copie.
4 — Mets la personne de la classe en copie cachée.

RÉVISE TON VOCABULAIRE

4

> Cahier, p. 43

Astuce-mémoire Utilise les mots dans une phrase.

La famille 🎧98

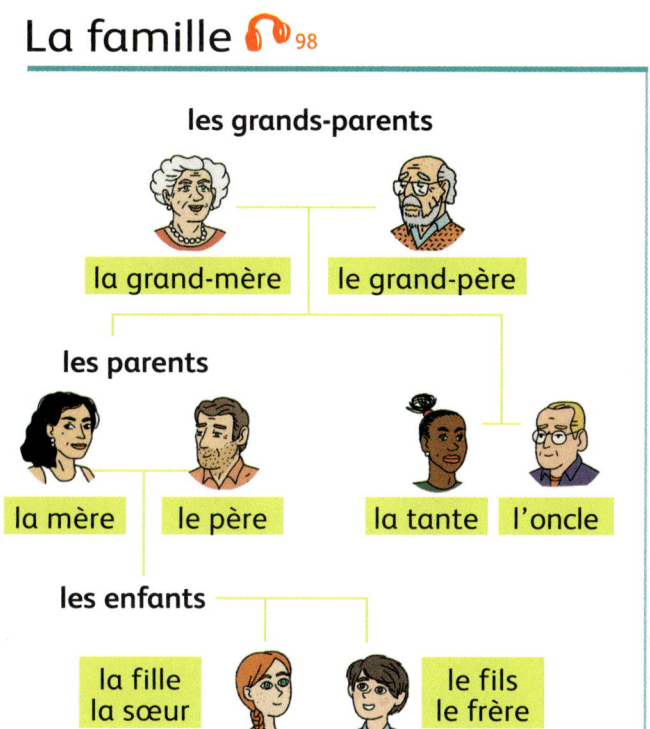

- les grands-parents
  - la grand-mère
  - le grand-père
- les parents
  - la mère
  - le père
  - la tante
  - l'oncle
- les enfants
  - la fille / la sœur
  - le fils / le frère

La description physique 🎧100

- beau, belle
- grand, grande
- petit, petite
- gros, grosse
- mince
- blond, blonde
- brun, brune
- roux, rousse
- jeune
- vieux, vieille

Les vêtements 🎧99

- des baskets (fém.)
- des chaussures (fém.)
- une chemise
- un jogging
- une jupe
- des lunettes (fém.)
- un pantalon
- un pull
- une robe
- un tee-shirt

Le caractère 🎧101

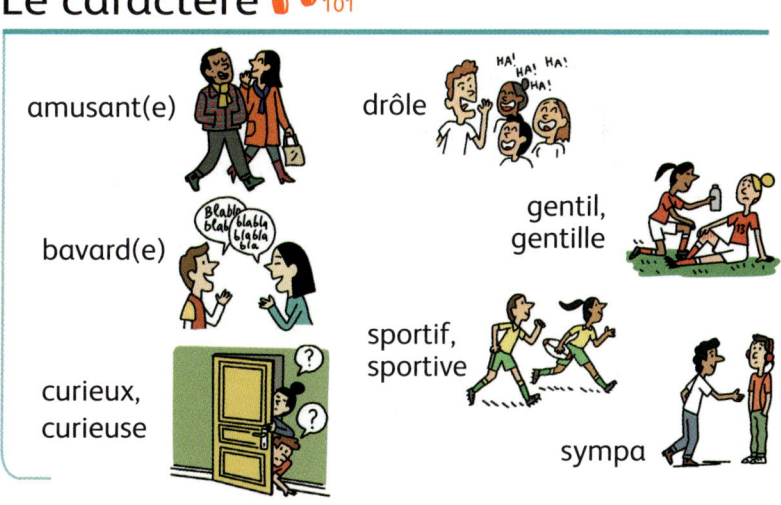

- amusant(e)
- drôle
- bavard(e)
- gentil, gentille
- curieux, curieuse
- sportif, sportive
- sympa

ACTIVITÉ 1
⇨ À DEUX Choisissez 10 mots et écrivez des phrases.

ACTIVITÉ 2
⇨ Décris ton voisin ou ta voisine (nom, âge, description physique, caractère, vêtements).

L'ENQUÊTE

Quelle est l'adresse de Léa ? #1

Mon **1** est né dans le **2** de la Croix- **3**.

INDICE N°1

Regarde et trouve le mot commun.

une paire de chaussures — une paire de lunettes — une paire de chaussettes

➔ **Quel est l'homophone* de ce mot ?**

* Deux homophones se prononcent de la même façon. Exemple : *c'est – ses* ; *son – sont*.

INDICE N°2

Léa fait les magasins avec ses amis. Regarde le ticket de caisse. Calcule le total.

➔ **Trouve le mot caché.**

17 € = Q

Q _ _ _ _ _ _

```
Magasin de vêtements
Lyon
Sale
06/08/2021    09:59AM
BATCH @:0130C
APR @:53A98

1 pantalon noir      €17.00
1 veste              €21.00
1 sac en papier       €1.00
1 pull rouge         €18.00
1 chemise            €20.00
1 tee-shirt           €9.00
1 tee-shirt           €5.00
1 paire de chaussures €18.00
```

INDICE N°3

Comment est Amber ? Choisis la bonne image. Va à la page 39 du livre.

➔ **Amber est** _ _ _ _ _ _

Relève *le défi* de l'unité !

SEUL(E)

- ✏️ Crée cinq cartes avec un dessin ou une photo d'une personne ou un animal de ta famille. Écris son nom.

EN GROUPES

- 💬 Présente et décris la personne ou l'animal sur la carte.
- Jouez au jeu des sept familles de la classe !

le mémo du défi

Décrire quelqu'un
- ✓ Il est grand.
- ✓ Elle est amusante.
- ✓ Il aime…
- ✓ Elle porte…

Présenter sa famille
- ✓ Voici mon père, ma mère.
- ✓ C'est mon oncle.
- ✓ Dans ma famille, il y a…
- ✓ J'ai un frère et une sœur.

PRÉPARE LE DELF

Compréhension de l'oral 🎧

4 points

🎧 102 **Lisez les questions. Écoutez le document puis répondez.**
Vous écoutez le message de votre amie française.

1. Tissia aime quels animaux ? .... • 1 point
   A. Les tigres.   B. Les tortues.   C. Les éléphants.

2. Les tortues sont comment ? .... • 1 point
   A. Belles.   B. Vieilles.   C. Grosses.

3. Il y a combien de lapins ? .... • 1 point
   A. 3.   B. 6.   C. 15.

4. Tissia fait quel sport ? .... • 1 point
   A. De l'escalade.   B. De la natation.   C. De l'équitation.

Compréhension des écrits 📄

Exercice 1

6 points

COUCOU !
Mardi, c'est l'anniversaire de Rose, ma sœur. Elle a 18 ans. Elle est très drôle. Avec mes parents, nous allons au restaurant. Je t'invite ! Le dîner est à 20 heures. Le restaurant est sympa et chic : mets un pantalon noir et un tee-shirt blanc. Moi, je mets ma chemise bleue avec un jean. Mais je ne mets pas mes baskets, ma mère n'aime pas ça.
Marius

Vous habitez en Suisse. Vous recevez ce message de votre ami suisse.
Lisez le document et répondez aux questions.

1. Rose a quel âge ? .... • 1 point
   A. 18 ans.   B. 19 ans.   C. 20 ans.

2. La sœur de Marius est comment ? .... • 1 point
   A. Sympa.   B. Curieuse.   C. Amusante.

3. Marius t'invite à… .... • 1 point
   A. une fête.   B. un dîner.   C. un spectacle.

4. Quel vêtement est-ce que tu dois mettre ? .... • 1,5 point

A.

B.

C.

PRÉPARE LE DELF

5. Marius porte quoi mardi ? .... • 1,5 point

A.    B.   C.

Exercice 2 — 6 points

**Vous allez au collège en Belgique. Vous lisez ces annonces dans votre collège.
Lisez le document et répondez aux questions.**

Vêtements	Sport nature	Gymnastique
Donne vêtements taille S et M (tee-shirts, jeans et pulls) ➡ Téléphoner mardi à 20 heures	Apprends l'escalade dans le parc Montaigle ! ➡ Samedi et dimanche à 15 h	Cours pour les 11-14 ans à 18 h le lundi ➡ Informations : 0475 78 20 17

Théâtre	Cours piano et violon
Spectacle très drôle des élèves de Première B ! ➡ Mercredi 18 mai, à 19 heures	Professeur sérieux donne cours le jeudi à 17 heures ➡ Tél. : 0475 87 19 02

1. Qu'est-ce que tu peux faire le week-end ? .... • 1 point
   A. Du théâtre.   B. De l'escalade.   C. De la gymnastique.

2. À quelle heure est le spectacle ? .... • 1,5 point
   A. À 18 heures.   B. À 19 heures.   C. À 20 heures.

3. Quel est le numéro du professeur de musique ? .... • 1,5 point
   A. 0475 87 19 02.   B. 0475 87 20 34.   C. 0475 78 20 17.

4. Pour acheter un pantalon, tu téléphones quand ? .... • 1 point
   A. Mardi.   B. Mercredi.   C. Vendredi.

5. Les cours de gym pour adolescents sont… .... • 1 point
   A. le lundi.   B. le mardi.   C. le jeudi.

Production écrite — 15 points

**Avec votre classe, vous écrivez à une école en France pour rencontrer des élèves français.
Vous vous présentez à un(e) élève, vous parlez de votre famille et de vos activités.**
40 mots minimum

#FRIGO

unité 5

> « Moi, c'est Élise, l'amie de Léa. J'habite à Bruxelles et j'adore manger ! »

LEÇON 1
DIRE L'HEURE

- *Tu manges quoi ce midi ?*
- L'heure
- Le son [œ]

 Créer une horloge mondiale

LEÇON 2
PARLER DE SON ALIMENTATION

- *Je mange du fromage.*
- Les verbes *boire* et *manger*
- Les aliments (1)
- Les boissons
- Les sons [s] et [z]

 Rédiger un questionnaire

LEÇON 3
FAIRE SES COURSES

- *Je voudrais un peu d'eau.*
- Le verbe *acheter*
- Les aliments (2)
- Les commerces
- Les nombres (3)
- La liaison en [z]

 Écrire une liste de courses

CULTURE
Cuisines francophones

 **LES CLÉS…** pour organiser un repas de classe

 **L'ENQUÊTE**

Relève *le défi* de l'unité
Créer un marché et faire ses courses

LEÇON 1 — DIRE L'HEURE

> Cahier p. 46

1 On mange quoi ce midi ?

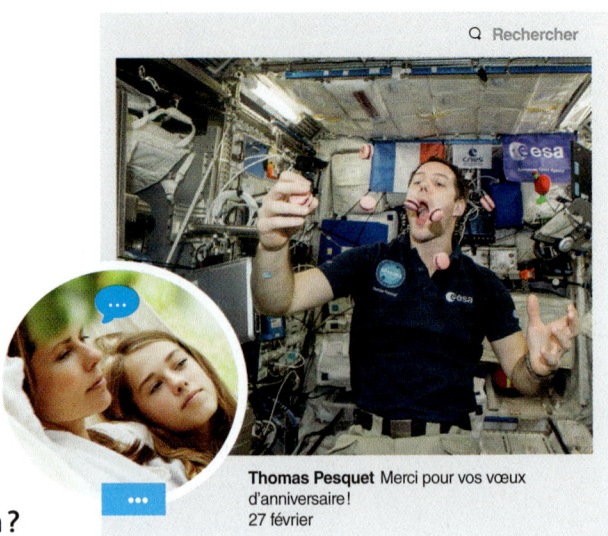

Thomas Pesquet Merci pour vos vœux d'anniversaire !
27 février

1. **RÉVISE** Regarde ces photos. Décris les trois personnes.

2. 🎧 103 Écoute et réponds.
a. Qui parle ? Elles parlent de qui ?
b. Quelle est sa profession ?
c. C'est où ? C'est quel jour ?
d. Qu'est-ce qu'il fait ?
e. Quelle est la question d'Élise ?

3. 💬 Et toi, tu aimes cette publication ?

2 Sa routine quotidienne…

> La journée de Thomas Pesquet débute à 7 h 30. Il échange des informations avec la Terre. Ensuite, il travaille. À 17 heures, il fait du sport pendant deux ou trois heures. Entre 20 heures le soir et 7 h 30 le matin, c'est quartier libre ! Le week-end, c'est différent. Dans l'espace aussi, le samedi est le jour du ménage. Le dimanche, Thomas Pesquet fait des photos de la Terre et de l'espace.

LES ADJECTIFS DÉMONSTRATIFS
On mange quoi **ce** midi ?
cette publication
cet astronaute
ces photos > p. 68

1. 📄 Lis le texte. Repère les jours, les heures et les moments de la journée.

2. Relis le texte. Associe une heure ou un jour à une activité.

3. Écris un texte pour présenter ta routine quotidienne.

DIRE L'HEURE
Il est sept heures et demie. (7 h 30)
Il est midi. (12 heures)
À dix-sept heures, …
Entre 20 heures et 7 h 30…
> p. 69

3 Il est quelle heure ?

 a.   b.   c.   d.   e.

LE SON [œ]
[œ] →

1. 🎧 104 Écoute et trouve l'horloge. Puis, répète.
🎵 2. 🎧 105 Écoutez et chantez !

4 C'est à vous !

EN GROUPES

1. Donnez trois noms de villes chacun. Il est quelle heure dans ces villes ?

2. 💬 Allez sur un site internet d'horloge mondiale et **créez une horloge mondiale**. Présentez votre horloge à la classe.

LEÇON 2 — PARLER DE SON ALIMENTATION

UNITÉ 5

> Cahier p. 48

1 Et toi, tu manges quoi ?

1. RÉVISE Regarde et complète avec *ce*, *cet* ou *cette*.

… magazine s'appelle *GEO Ado*.
Il y a une photo. Sur … photo, il y a un hamburger. Il y a un adolescent.
… adolescent a peut-être 13 ans.

2. Regarde le hamburger et repère ses ingrédients.

Dans le hamburger, il y a de la salade verte, des tomates, des oignons rouges, de la viande, du pain, du fromage et de la sauce blanche.

3. 💬 **Décris ton hamburger préféré.**

> **LES PARTITIFS**
> Je mange **de la** viande. (la viande)
> Elle mange **du** poisson. (le poisson)
> Elle boit **de l'**eau. (l'eau)
> \> p. 68   > *manger, boire* p. 68

> **DES ALIMENTS**
> les légumes
> la viande
> le poisson   > p. 69

2 Et eux, qu'est-ce qu'ils mangent ?

1. 🎧 106 **Écoute et réponds.**

a. La femme parle de qui ?
b. Elle parle de quoi ?
c. Tu entends quel nom d'aliment ?

2. 🎧 107 **Écoute. Associe une image à un prénom : Sonia, Julien ou Élise.**

3. Sonia, Élise et Julien répondent à la question de *GEO Ado* « Qu'est-ce que tu manges ? ». Écris leur texte.

a.

b.

c.

3 Les sucettes de Zélie

1. JOUE AVEC LES SONS Lis ce virelangue. Repère les sons [s] et [z].

Zélie, l'amie d'Élise, est bizarre : le matin, elle boit de l'eau gazeuse avec un zeste de citron, le midi, elle mange des pizzas et du poisson et, le soir, une salade et deux grosses sucettes !

2. 🎧 108 **Écoute et vérifie. Puis, répète.**

> **LES SONS [s] ET [z]**
> [s] → ♩
> [z] → 🎵

4 C'est  !

EN GROUPES

1. ✏️ **Rédigez un questionnaire** sur les habitudes alimentaires des adolescents (à la cantine, à la maison, en ville, le week-end…).

2. Passez votre questionnaire au groupe voisin. Le groupe répond.

GRAMMAIRE PRATIQUE

> Révise ta grammaire p. 100

1. Les adjectifs démonstratifs

1. 🎧 109 Écoute et choisis *ce*, *cet*, *cette* ou *ces*.

▎ à l'oral, *cet* = *cette* = *sept*

2. Associe.

▎ *cet* + nom masculin avec voyelle

a. Il est 7 heures dans cette
b. Thomas fait du sport ce
c. Tu aimes ces
d. Il déteste ce
e. Élise aime beaucoup cet

1. publications ?
2. travail.
3. soir.
4. ville.
5. astronaute.

3. Écris deux phrases sur Thomas Pesquet et deux phrases sur Élise. Utilise des adjectifs démonstratifs.

2. Les partitifs

1. Réécris les phrases avec *du*, *de la* ou *de l'*.

▎ Regarde le nom : masculin ou féminin ?

a. Est-ce que tu manges … viande ?
b. Est-ce que tu veux … fromage ?
c. Est-ce que tu bois … eau ?
d. Est-ce que tu veux … riz ?
e. J'aime manger … pain.

2. 🎧 110 Écoute et écris la recette.

3. EN CERCLE Vous mangez quels aliments ? Listez-les.

3. *Boire* et *manger* au présent

1. 🎧 111 Écoute et réponds.

▎ verbes en *-ger* : nous mang**e**ons

2. Réponds par écrit : Qu'est-ce que tu manges et bois à la cantine ?

mémo

LES ADJECTIFS DÉMONSTRATIFS

Pour montrer une chose ou une personne.
- *ce* + nom masculin → **ce** midi
- ❗ *cet* + nom masculin avec voyelle ou *h* → **cet** astronaute
- *cette* + nom féminin → **cette** publication
- *ces* + nom pluriel → **ces** photos

mémo

LES PARTITIFS

Quand on ne peut pas compter l'aliment.
- *du* + nom masculin
Je mange **du** fromage.
- *de la* + nom féminin
Je mange **de la** salade.
- *de l'* + nom avec voyelle ou *h*
Je bois **de l'**eau.
- *ne… pas* + *de/d'*
Je **ne** mange **pas de** viande et je **ne** bois **pas d'**eau.

mémo 112

BOIRE ET MANGER AU PRÉSENT

je boi**s**	je mang**e**
tu boi**s**	tu mang**es**
il/elle/on boi**t**	il/elle/on mang**e**
nous bu**vons**	nous mang**eons**
vous bu**vez**	vous mang**ez**
ils/elles boi**vent**	ils/elles mang**ent**

4. C'est à vous !

EN GROUPES

1. Regarde la photo. Tu aimes quels fruits et légumes ? Qu'est-ce que tu ne manges pas ? Montre les aliments à ton groupe.
Je ne mange pas ce légume jaune…

2. ✏️ Ensemble, écrivez le contenu d'une salade composée.
Dans la salade, on met cette orange, ces bananes et…

VOCABULAIRE PRATIQUE

> Révise ton vocabulaire p. 75

1 L'heure

1. Associe.

le matin   le midi   l'après-midi   le soir   la nuit

a. 23 h 30   **b.** 15 h 15   **c.** 07 h 30   **d.** 19 h 00   **e.** 12 h 00

2. 🎧 113 **Regarde ces horloges. Écoute et associe.**

a.   b.   c.   d.   e.

3. Réponds par écrit : Quelle heure est-il ? Tu as cours de français de quelle heure à quelle heure ?

mémo
L'HEURE

Il est sept heures.
Il est sept heures et quart.
Il est sept heures et demie.
Il est huit heures moins le quart.
De sept heures à huit heures…
Il est midi.
Il est minuit.

2 Les aliments (1) et les boissons

1. Regarde le mémo et nomme les aliments.

a.   b.   c.   d.   e.

2. Regarde la photo et réponds.
a. La famille de Léa mange quoi au petit déjeuner ?
b. Et elle boit quoi ?
Cherche des mots dans le dictionnaire.

mémo
LES ALIMENTS (1)

le chocolat — un macaron
les frites — un œuf
le fromage — le pain
les fruits — les pâtes (fém.)
(un ananas, une orange…) — la pizza
un gâteau — le poisson
les légumes — le poulet
(un oignon, une salade…) — le riz
— la viande

mémo
LES BOISSONS

l'eau (fém.)   le lait
le jus de fruits   le soda

3. À DEUX Discutez : À quelle heure est-ce que tu prends ton petit déjeuner ? Qu'est-ce que tu manges ?

3 C'est à vous ! JEU

1. Regarde les cartes du Dobble des aliments. Cherche les mots nouveaux.

2. EN GROUPES 💬 **Jouez au Dobble !**

CULTURE

CUISINES FRANCOPHONES

On se dit **tout**

▶ 5 Regarde la vidéo. Nomme les aliments pour le mafé (de l'Afrique de l'ouest) et les aliments pour les nems au Vietnam.
🌍 Comment dit-on *Bon appétit!* dans ton pays?

Le **quiz** culinaire

À DEUX Nommez le pays d'origine de chaque plat.
🌍 Vous connaissez d'autres plats étrangers?

le croissant

les acras de morue

la poutine

les gaufres

le couscous

le romazava

la fondue

Le coin
...des curieux

Jean-Pierre Zaugg est l'auteur de cette œuvre d'art, la Fourchette. Elle est au milieu du lac Léman et fait 8 mètres de haut.
🌍 Elle est dans quelle ville? Quel pays? Devant quel musée?

...des gourmands

La crème brulée est un dessert. La crème est froide mais la croute est chaude. C'est délicieux!
🎧 114 Écoute. Quels sont les ingrédients?

...des lecteurs

Lis le résumé de cette bande dessinée à voix haute.
Pour aider son père, Yasmina cuisine mais n'achète pas d'aliments. Ses amis lui donnent des légumes. Mais un jour, les mangeurs de patates arrivent…

LEÇON 3 — FAIRE SES COURSES

> Cahier p. 50

1 On mange quoi, ce soir ?

1. **RÉVISE** Réponds à la question du titre.

2. Regarde la recette. On achète quoi ? Choisis.

a.　　　b.　　　c.　　　d.　　　e.

3. À DEUX Discutez : Est-ce que tu aimes les crêpes ? Les gâteaux ? Les fruits ? Tu manges quoi en dessert ?

2 On fait des courses ?

1. Regarde les photos. Où est Damien, le père de Léa ?

2. 🎧 115 Écoute et associe une phrase à une photo.

a. Chez le marchand de fruits et de légumes　　b. À la boulangerie　　c. À la boucherie

3. Réécoute et écris la liste de courses de Damien avec les quantités.

3 Dix oignons à trois euros !

1. 🎧 116 Écoute le titre et regarde l'encadré sur la liaison.

2. 🎧 117 Écoute le texte et repère les liaisons. Puis, lis le texte avec les liaisons.

> 66 Il va dans une épicerie bio située près de chez lui et achète des épices, des oignons frais, de la salade, des tomates cerises, trois grosses aubergines, dix courgettes, des poireaux, du brocoli, des pommes, des poires, des figues, du raisin et des citrons. Il prend aussi deux paquets de biscuits. 99

Laure Mi Hyun Croset, *Après la pluie, le beau temps*, coll. « Mondes en VF ».

4 C'est à vous !

À DEUX

1. Choisissez un plat pour le dîner.

2. ✏ Écrivez une liste de courses. Indiquez le nom du commerce pour chaque ingrédient.

CRÊPES BANANES-CHOCOLAT

⏱ Préparation : 10 minutes | facile | 4 personnes

Liste de courses
- 250 g farine
- 3 œufs
- 500 mL de lait
- 4 bananes
- une tablette de chocolat noir
- un peu de beurre
- 1 cuillère à soupe de sucre
- un peu d'eau

DESSERT

LES QUANTITÉS

J'achète **500 mL** de lait.
Je voudrais **un peu de** beurre.
> p. 72　> *acheter* p. 72

LES COMMERCES

la boucherie
la boulangerie
l'épicerie
> p. 73

LA LIAISON EN [z]

des épices

GRAMMAIRE PRATIQUE

> Révise ta grammaire p. 100

1 Qu'est-ce que... ? Quoi... ?

1. RÉVISE Réponds.

est-ce que → oui/non

a. Tu manges quoi ce soir ?
b. Est-ce que tu manges des fruits ?
c. Qu'est-ce que tu bois ?

2. Transforme ces questions. Utilise *quoi*.

a. Qu'est-ce que tu fais ?
b. Qu'est-ce que Léa achète à la boulangerie ?
c. Qu'est-ce qu'Arthur aime boire au petit déjeuner ?

mémo

QU'EST-CE QUE ? QUOI ?

Pour poser une question :
• La réponse est *oui* ou *non* :
Est-ce que + sujet + verbe ?
– **Est-ce que** tu manges du pain ?

• La réponse est ouverte :
Qu'est-ce que + sujet + verbe ?
= Sujet + verbe + **quoi** ?

Qu'est-ce que tu manges ?
= Tu manges **quoi** ?

❓ deux verbes → **quoi** après le 2ᵉ verbe
Tu aimes manger **quoi** ?

2 Les quantités

1. Complète.

de → d' avec voyelle ou h

a. Le matin, je bois un peu ... lait.
b. Tu peux acheter un litre ... huile ?
c. Mélanie achète deux kilos ... tomates.
d. Il faut 25 cL ... lait.
e. Tu bois beaucoup ... eau !

2. Regarde et écris les quantités et ingrédients de la ratatouille.

 1 kg
 250 g
 500 g
 250 g

 25 cL
 sel poivre

Pour une ratatouille, il faut...

3. À DEUX Montre la photo d'un plat. Indique les ingrédients et les quantités à ton voisin ou ta voisine.

mémo

LES QUANTITÉS

Pour mesurer les personnes, les aliments, etc.
• (un) peu de... ≠ beaucoup de...
• un kilogramme (kg) de...
un gramme (g) de...
• un litre (L) de...
un centilitre (cL) de...
un millilitre (mL) de...

3 Acheter au présent

🎧 118 Écoute et réponds.

mémo 🎧 119

ACHETER AU PRÉSENT

j'ach**è**te | nous ach**e**t**ons**
tu ach**è**t**es** | vous ach**e**t**ez**
il/elle/on ach**è**te | ils/elles ach**è**t**ent**

4 C'est à vous !  JEU

EN GROUPES

1. 💬 Une personne donne un aliment et une quantité.
Au supermarché, j'achète un kilo de farine...

2. **Les autres continuent. Tu gagnes si tu as le dernier nom d'aliment !**

VOCABULAIRE PRATIQUE

> Révise ton vocabulaire p. 87

1 Les aliments (2)

1. Regarde le mémo. Qu'est-ce que tu peux mettre dans une crêpe ? Écris ta réponse et compare avec ton voisin ou ta voisine.

2. À TROIS Rangez les aliments de cette unité dans le frigo.
Exemple : *Je range les œufs dans la porte.*

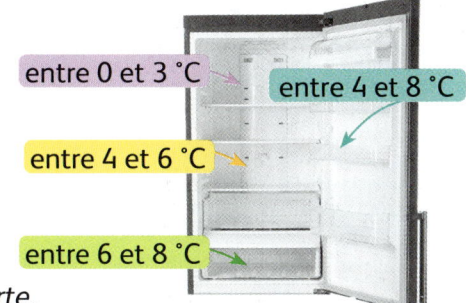

entre 0 et 3 °C
entre 4 et 8 °C
entre 4 et 6 °C
entre 6 et 8 °C

mémo

LES ALIMENTS (2)

une aubergine	la farine
une banane	une poire
le beurre	un poireau
un brocoli	une pomme
un citron	le raisin
une courgette	le sucre
une crêpe	

2 Les commerces

a.

b.

c.

d.

mémo

LES COMMERCES

la bijouterie
la boucherie
la boulangerie
l'épicerie (fém.)
le/la fleuriste
la fromagerie
la librairie
le/la marchand(e) de fruits et légumes
la pâtisserie
la poissonnerie

1. Regarde les commerces et le mémo. Associe un nom à un commerce.
2. Choisis cinq commerces et écris ce que tu achètes.

▎ *chez* + personne, *à la* + commerce

Exemple : *Chez la fleuriste, j'achète des fleurs et des plantes vertes.*

3 Les nombres (3)

1. 🎧 120 Écoute et choisis.

a. 65 ou 75 ?   c. 90 ou 80 ?   e. 138 ou 238 ?
b. 200 ou 102 ?   d. 94 ou 74 ?

2. Écris en lettres les nombres de l'exercice 1.

▎ 80 = quatre-vingt**s**, 200 = deux cent**s**

mémo

LES NOMBRES (3)

70	▶ soixante-dix
71	▶ soixante et onze
80	▶ quatre-vingt**s**
81	▶ quatre-vingt-un
90	▶ quatre-vingt-dix
91	▶ quatre-vingt-onze
100	▶ cent
101	▶ cent un
200	▶ deux cent**s**
201	▶ deux cent un
300	▶ trois cent**s**

4 C'est à vous !

À DEUX

1. ✎ Choisissez un commerce. Écrivez un petit dialogue entre le vendeur et le client.
2. Jouez le dialogue au groupe voisin.

LES CLÉS...

..... pour organiser un repas de classe

Je découvre une invitation

Regarde cette invitation. Lis l'encadré et associe les informations de l'encadré à celles de l'invitation.

PIQUE-NIQUE
de la classe de français
pour fêter la fin d'année !
Parc Balzac
le 20 juin à 12 h 00
Inscription en ligne

LA CLÉ

Dans une invitation, il y a :
- une date
- une heure
- un lieu
- une occasion
- une réponse à donner
- des personnes

J'apprends l'esprit d'initiative

 121 Lis l'encadré. Écoute et réponds.

a. La professeure propose quoi ?
b. Pourquoi ?
c. Quels mots de l'encadré est-ce que tu entends ?
d. Théo propose quoi ?

LA CLÉ

Pour un repas français, il faut :
- des assiettes
- des fourchettes
- des couteaux
- des cuillères
- des verres
- des aliments
- du soleil
- et de la bonne humeur

Je sais organiser un repas de classe

EN GROUPES **Organisez un repas de classe.**

 1
Ensemble, choisissez un jour, une heure, un lieu.

 3
Créez et partagez une liste pour le repas :
les couverts et les quantités ;
les boissons et les quantités ;
les aliments et les quantités.

 2
Allez sur un site internet pour organiser l'événement.

 4
Chacun choisit des choses à apporter.

RÉVISE TON VOCABULAIRE

> Cahier p. 53

Astuce-mémoire Fais un abécédaire.

Les aliments 🎧 122

 le chocolat
 la farine
 les frites
 le fromage
 un gâteau
 un œuf
 le pain
 les pâtes (fém.)
 le poisson

 le poulet
 le riz
 le sucre
 la viande

les fruits
 une banane
 un citron
 une orange
 une poire

 une pomme
 une tomate

les légumes
 une aubergine
 une courgette
 un oignon
 un poireau
 une pomme de terre
 une salade

Les commerces 🎧 123

 la bijouterie
 la boucherie
 la boulangerie

 l'épicerie (fém.)
 le/la fleuriste

 la fromagerie
 la librairie
 le/la marchand(e) de fruits et légumes

 la pâtisserie
 la poissonnerie

Les boissons 🎧 124

 l'eau (fém.)
 le jus de fruits
 le lait
 le soda

ACTIVITÉ 1

➡ À DEUX Citez deux aliments avec la lettre *f*, trois avec *c* et six avec *p*.

ACTIVITÉ 2

➡ Donne les heures d'ouverture de chaque commerce dans ton pays.

L'ENQUÊTE

Quelle est l'adresse de Léa ? #2

Quand je vais chez Léa, on va au **1** Albert, à côté de la **2**. J'adore leurs macarons au **3**.

INDICE N°1

Au déjeuner, Élise aime manger un steak avec des frites.

Élise aime son steak : **noir**, **orange**, **jaune** ou **bleu** ?

```
f 1 w r F V H L e y j 5
s T E u c t p Q u a 1 7
g O u b f s A 2 r m a
s N 3 A R n u d 0 t
```

➜ Trouve le mot caché.

INDICE N°2

Lis le rébus.

➜ Trouve le nom du commerce.

INDICE N°3

Lis ce virelangue à voix haute.

" Si six scies scient six troncs, six cent six scies scient six cent six troncs. "

➜ Trouve le fruit caché.

Relève *le défi* de l'unité !

À DEUX
- Vous invitez Élise à déjeuner. Qu'est-ce vous préparez ?
- ✏ Écrivez une liste de courses.

EN CLASSE
- 💬 Créez un marché dans la classe et allez faire vos courses !

le mémo du défi

Parler de son alimentation
- ✓ Au petit déjeuner, je mange…
- ✓ Au déjeuner, je bois…
- ✓ Au dîner, je mange…

+ du / de la / des / de l'

Faire ses courses
- ✓ Bonjour madame/monsieur…
- ✓ Je voudrais 1 kilo de…
- ✓ 3 euros, s'il vous plaît.
- ✓ Merci.

+ du / de la / des / de l'

#CHEZMOI

unité 6

« Avec Arthur, on va souvent au centre-ville. »

LEÇON 1
DIRE OÙ ON HABITE
- *J'habite au numéro…*
- Le verbe *habiter*
- Les pièces de la maison
- Les logements
- Le son [ʃ]

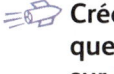 **Présenter le plan de son logement idéal**

LEÇON 2
ALLER EN VILLE
- *Je vais à pied au musée.*
- Le verbe *venir*
- Les moyens de transport
- Les sons [b] et [v]

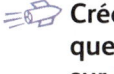 **Créer un questionnaire sur les transports**

LEÇON 3
INDIQUER UN CHEMIN
- *Tourne à droite.*
- Le verbe *prendre*
- Les nombres ordinaux
- Les lieux de la ville
- Le son [ã]

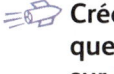 **Créer un plan touristique de sa ville**

CULTURE
Lyon

 **LES CLÉS…**
pour repérer des profils d'apprentissage

 **L'ENQUÊTE**

 Relève *le défi* de l'unité
Créer une carte interactive

LEÇON 1 — DIRE OÙ ON HABITE

> Cahier p. 56

1 J'habite...

1. 🎧 125 Écoute et réponds.
a. Arthur habite dans quelle ville ? À quelle adresse ?
b. **RÉVISE** Il y a quels commerces dans son quartier ?
c. Il va où le week-end ?

2. 💬 Et toi, tu habites où ? Tu vas où le week-end ?

2 Le plan de mon appartement

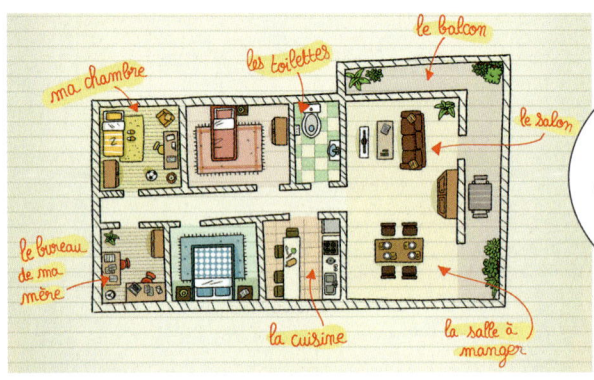

Ma mère travaille à la maison. Elle est professeure. Notre balcon est grand. C'est sympa l'été : on prend souvent notre petit déjeuner dehors !

LES ARTICLES CONTRACTÉS (2)

J'habite **au** numéro 72 de la rue Victor Hugo.
Je vais **à la** piscine.

> *habiter* p. 80

LES LOGEMENTS

une maison
un appartement
un chalet

> p. 81

1. 📄 Regarde le plan, lis le texte et réponds.
a. Quelles sont les pièces de l'appartement d'Arthur ?
b. Pourquoi est-ce que la mère d'Arthur a un bureau ?
2. 💬 À DEUX Il y a combien de pièces chez toi ? Nomme ces pièces à ton voisin ou ta voisine.

3 Un chalet à Chamonix...

Charles habite un chalet à Chamonix,
Sheila une maison chère à La Rochelle,
Charlotte un charmant appartement à Cherbourg.

1. 📄 Lis et trouve les villes sur une carte de France. Associe une personne à une photo.
2. 🎧 126 **JOUE AVEC LES SONS** Écoute et répète ce virelangue.
3. À DEUX Trouvez d'autres mots avec le son [ʃ].

LE SON [ʃ]

[ʃ] →

4 C'est  !

À DEUX
1. Dessine le plan de ton logement idéal.
2. 💬 Présente ce logement à ton voisin ou ta voisine.

78 soixante-dix-huit

LEÇON 2 — ALLER EN VILLE

UNITÉ 6

> Cahier p. 58

1. Tu aimes quels moyens de transport ?

1. **RÉVISE** Regarde les photos. Tu préfères :
a. quel pays ?
b. être sur l'eau ? sur terre ? dans le ciel ?

2. Tu préfères quel moyen de transport ?

3. 💬 Tu connais d'autres moyens de transport originaux ?

Tuk-Tuk au Laos

Montgolfière au pays imaginaire

Sea Bubble à Paris

2. On va en ville ?

1. 🎧 127 Écoute et réponds. Qui parle ? De quoi ?

2. Réécoute et associe.

- en bus
- à vélo
- en voiture
- en métro
- en tramway

- C'est rapide !
- C'est écologique et pas cher !
- C'est pratique !
- C'est bon pour la santé !

3. 💬 Et toi, tu utilises quel(s) moyen(s) de transport ? Pourquoi ?

LES MOYENS DE TRANSPORT

le bus   le vélo
le métro   la voiture
le tramway
> p. 81

LES PRÉPOSITIONS : À, EN

On vient **en** métro.
Tu peux aller au collège **à** vélo.
> p. 80 > *venir* p. 80

3. Vous venez en bus ou en voiture ?

1. 🎧 128 Écoute et repère : [b] ou [v] ?
2. 🎵 🎧 129 Écoutez et chantez !

LES SONS [b] ET [v]
[b] → 💥 👄
[v] → 〰️ 😺

4. C'est à vous !

À TROIS
1. ✏️ Créez un questionnaire sur les moyens de transport des collégiens de votre classe.
2. Posez vos questions aux autres groupes.

GRAMMAIRE PRATIQUE

> Révise ta grammaire p. 100

1 Les articles contractés (2)

1. Regarde l'image. Ils vont où ?

Le nom de lieu est féminin ou masculin ?

mémo

LES ARTICLES CONTRACTÉS (2)

- *à* + *la* + nom féminin
Je vais **à la** piscine.
- *au* + nom masculin
Nous habitons **au** numéro 52.
- *aux* + nom pluriel
Je vais **aux** toilettes.
- ❗ *à l'* + nom avec voyelle
Ils vont **à l'**école.

2. Associe.

a. Je vais au
b. Il aime aller à la
c. Le samedi, on ne va pas à l'
d. Est-ce que je peux aller aux

1. bibliothèque le mercredi.
2. école.
3. toilettes, s'il vous plaît ?
4. collège à vélo.

2 Les prépositions : *à*, *en*

1. Complète avec *à* ou *en*.

transport ouvert = *à*, transport fermé = *en*

a. Je viens … vélo.
b. Moi, je viens … pied.
c. Nous venons … voiture.
d. Vous venez … bus ?

2. Imagine : tu es à Paris ! Tu visites la ville comment ?

mémo

LES PRÉPOSITIONS : À, EN

Moyen de transport :
- fermé ➔ *en*
Je viens **en** bus.
- ouvert ➔ *à*
Tu viens **à** pied.

3 *Habiter* et *venir* au présent

Complète avec le verbe *habiter* ou *venir* conjugué.

– Tu … où ?
– J'… près du collège, au 37 rue des Écoles. Tous les matins, je … à pied. Et toi, tu … comment ?
– Moi, je … en voiture parce que nous … loin.

mémo 130

HABITER ET VENIR AU PRÉSENT

j'habit**e**	je vien**s**
tu habit**es**	tu vien**s**
il/elle/on habit**e**	il/elle/on vien**t**
nous habit**ons**	nous ven**ons**
vous habit**ez**	vous ven**ez**
ils/elles habit**ent**	ils/elles vienn**ent**

4 C'est à vous !

À DEUX

1. Choisissez une ville francophone et listez ses moyens de transport.

2. ✏️ **Imaginez un collégien de cette ville et écrivez un petit texte sur ses habitudes de transport (comment il va au collège, au cinéma, chez ses amis, etc.)**

VOCABULAIRE PRATIQUE

> Révise ton vocabulaire p. 87

1 Les pièces de la maison

1. 🎧 131 Écoute et regarde l'encadré. Il manque une pièce. Laquelle ?

2. Regarde ces actions et nomme la pièce.

a.  b.  c.  d.  e.  f.

3. Quelle est ta pièce préférée ?

mémo

LES PIÈCES DE LA MAISON

le bureau
la chambre
la cuisine
la salle à manger
la salle de bains
le salon
les toilettes

2 Les logements

🎧 132 Écoute et associe chaque logement à une photo.

a.  b.

c.  d.

mémo

LES LOGEMENTS

un appartement
un bateau / une péniche
un chalet
une maison

3 Les moyens de transport

1. Observe l'image. Il y a quels moyens de transport à Bordeaux ?

2. Quels moyens de transport est-ce que tu utilises pour :
a. aller chez tes ami(e)s ?
b. aller chez tes grands-parents ?
c. faire du sport ?
d. faire les magasins ?
e. partir en vacances ?

mémo

LES MOYENS DE TRANSPORT

l'avion (masc.)	le train
le bus	le tramway
le métro	le vélo
la moto	la voiture
à pied	

4 C'est à vous !  JEU

À DEUX Jouez à *Dessiner, c'est gagné !*

1. Choisis un lieu et un moyen de transport.
2. 💬 Dessine-les. Ton voisin ou ta voisine devine.

CULTURE

LYON

On se dit **tout**

Tous les ans, à Lyon, en décembre, c'est la fête des Lumières. Il y a des spectacles avec de la musique et de la lumière.

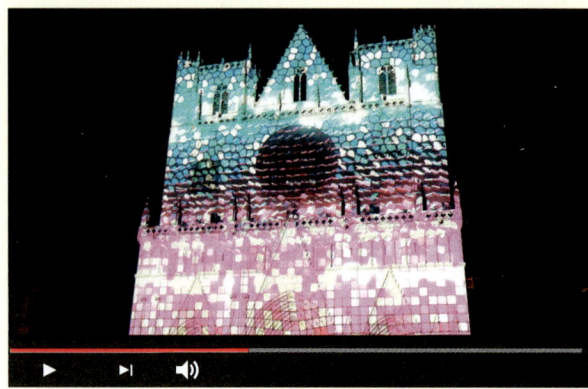

▶ 6 Regarde la vidéo.
🌐 Il y a quelles fêtes dans ton pays ?

Total **chiffré**

9 Lyon est une grande ville. Il y a 9 arrondissements. Il y a beaucoup de transports en commun. Pour monter au quartier Fourvière, on prend le funiculaire.
Quels sont les transports en commun à Lyon ?
🌐 Tu connais d'autres villes avec un funiculaire ?

Le coin

...des secrets

À Lyon, il y a des passages secrets pour passer d'un immeuble à un autre. Ce sont des traboules. **Il y a combien de traboules à Lyon : 100, 200, plus de 500 ?**

...des gourmands

Lyon est une ville célèbre pour ses bouchons. Un bouchon est un nom de restaurant. **On mange quoi dans un bouchon ?**
🌐 Est-ce qu'il y a des bouchons dans ton pays ?

...des cinéastes

En 1895, les frères Lumières, Auguste et Louis Lumière, font la première projection publique d'un film en noir et blanc à Lyon.
🌐 **Nomme des cinéastes célèbres dans le monde.**

LEÇON 3 — INDIQUER UN CHEMIN

> Cahier p. 60

1 On fait quoi aujourd'hui ?

Visite.bruxelles.be
- Visitez Bruxelles **à vélo**.
- Promenades : découvrez les **quartiers** bruxellois.
- Observez les murs de la **promenade BD**.

LES LIEUX DE LA VILLE
une gare
un musée
un parc
un restaurant

INDIQUER UN CHEMIN
Sors de la gare.
Prends à droite.
Tourne à gauche.
Continue/Va tout droit.
Prends la première à gauche.
> l'impératif p. 84 > *prendre* p. 84
> les nombres ordinaux p. 85

1. **RÉVISE** Regarde le document. C'est dans quelle ville ? Dans quel pays ? Tu connais d'autres pays francophones ?

2. Trouve les actions (les verbes).

3. Qu'est-ce que tu veux faire aujourd'hui dans cette ville ?

2 Pour venir chez moi, c'est facile !

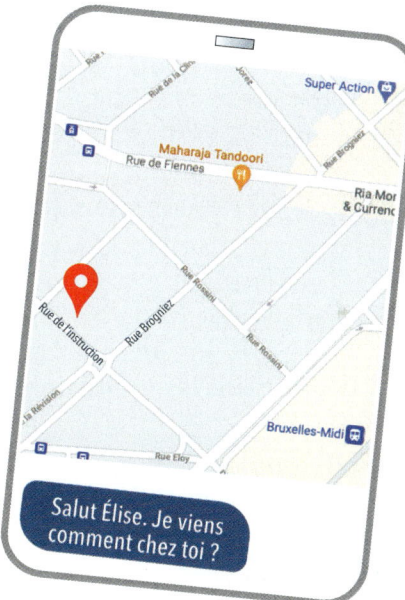

Salut Élise. Je viens comment chez toi ?

1. 🎧 133 Regarde le plan et écoute. Léa est où ?

2. Réécoute. Trace le chemin avec ton doigt pour aller chez Élise. Trouve son adresse.

3. 💬 À DEUX Explique à ton voisin ou ta voisine comment aller chez Élise.

3 Comment aller sur la Lune ?

> « Jules se demande : c'est comment la Lune ?
> Il voudrait aller sur la Lune. Ses parents disent : c'est impossible.
> Il réfléchit. Une échelle ? Un escalier géant ?
> Non, il faut voler. Un oiseau ? Un ballon ?
> Une machine volante ? »
>
> Myriam Louviot, *Les Rêves de Jules Verne*, coll. « Mondes en VF ».

1. 🎧 134 Écoute cet extrait. Comment aller sur la Lune ?

2. Repère les mots avec le son [ã] de *comment*.

LE SON [ã]
[ã] → 🟡

4 C'est  !

EN GROUPES

1. ✏️ Choisissez cinq lieux dans votre ville. Sur un post-it, écrivez le nom du lieu et les activités à faire.

2. Collez ces post-it sur un plan de votre ville pour **créer un plan touristique**.

GRAMMAIRE PRATIQUE

> Révise ta grammaire p. 100

1 Les articles contractés

RÉVISE Complète avec *de la*, *du*, *à la*, *au*, *aux* ou *à l'*.

▌ Le nom est masculin ou féminin ?

a. Je vais … collège et ma sœur va … école.
b. Elle fait … vélo et … danse.
c. J'aime aller … bibliothèque.
d. Il va … toilettes.
e. Nous faisons … natation … piscine.

2 L'impératif affirmatif

1. Observe et réponds.

> Tourne à gauche.   Prends à droite.
> Visitons la ville !   Découvrez la ville !

a. Le sujet est où ?
b. Quelle est la fin des verbes ? À ton avis, c'est quelle personne ?

2. Conjugue à l'impératif.

▌ écrire à un(e) ami(e) ➔ *tu*

> Salut Arthur,
> Pour venir chez moi, (sortir) du métro Ampère et (prendre) la deuxième à droite ! (Continuer) tout droit jusqu'à la rue Saxo. (Tourner) à gauche et (aller) tout droit. C'est ici, à côté du cinéma, au numéro 23 de la rue Jouhot.

mémo

L'IMPÉRATIF AFFIRMATIF

Pour dire à quelqu'un de faire quelque chose.
• **Verbe au présent sans sujet**
Pren**ds** la rue Danton.
Pren**ons** la rue Danton.
Pren**ez** la rue Danton.

❗ verbes en *-er* : pas de *-s* à la 2ᵉ pers. du sing.
Tourn**e** à droite.
Continu**e** tout droit.

3. À DEUX Ferme les yeux et suis les indications de ton voisin ou ta voisine.
Exemple : *Va tout droit. Tourne à gauche.*

3 *Prendre* au présent

▌ à l'oral, *prend = prends*

🎧 135 **Écoute et écris le verbe.**

a. … le métro.
b. … la rue des Écoles.
c. … le bus.
d. … à gauche.
e. … le train.
f. … le tram.

mémo 🎧 136

PRENDRE AU PRÉSENT

je prend**s**	nous pren**ons**
tu prend**s**	vous pren**ez**
il/elle/on prend	ils/elles prenn**ent**

4 C'est  !

À TROIS Jouez au jeu de l'oie !
💬 Lancez le dé et suivez les indications.

VOCABULAIRE PRATIQUE

> Révise ton vocabulaire p. 87

1 Les nombres ordinaux

1. Regarde l'image et réponds. Les habitants de cet immeuble sont où ? Ils font quoi ?

premier + mot masculin,
première + mot féminin

Au premier étage, deux personnes boivent un café…

2. 🎧 137 Écoute. On est à quel étage ?

Dans les immeubles français, il y a le rez-de-chaussée (RDC) puis le premier étage, le deuxième, etc.

mémo

LES NOMBRES ORDINAUX

premier, première
deuxième
troisième
quatrième
cinquième
sixième

2 Les lieux de la ville

mémo

LES LIEUX DE LA VILLE

la bibliothèque
le cinéma
la gare
l'hôtel (masc.)
le musée
le parc
la piscine
le restaurant
le stade

1. Regarde le plan. Qu'est-ce qui est vert sur la carte ? Et bleu ?

2. Associe.

(HÔTEL) (RESTAURANT) (CINÉMA) (GARE) (MUSÉE) (BIBLIOTHÈQUE)

3. À DEUX Nomme un lieu. Ton voisin ou ta voisine trouve le lieu sur le plan.

3 C'est à vous !

À DEUX

1. ✏️ Écrivez une charade pour faire trouver un lieu de la ville.

Exemple : *Mon premier est π. Mon deuxième est la septième note de musique. Mon troisième est un élément de négation. On fait plouf dans mon tout !*

2. Faites deviner au groupe voisin.

LES CLÉS...

..... pour repérer des profils d'apprentissage

Je découvre des profils

Lis les descriptions. Associe une description à un profil de l'encadré.

VOIR
Dans ma tête,
je vois des images.

DIRE/ENTENDRE
Je parle dans ma
tête ou je réécoute
les voix et les sons.

FAIRE/TOUCHER
Je fais des gestes,
je touche des objets,
je marche…

LA CLÉ

Pour apprendre, il y a différents profils. On est :
- auditif/verbal
- visuel
- kinesthésique…

J'apprends à lire et écouter la consigne

Lis les consignes. Associe une consigne à un profil de la partie 1.

a. Construisez un dando. Tracez deux rectangles…
b. Écoute. Il y a combien de mots ?
c. Regarde la vidéo. Repère les mots.
d. Répète ce virelangue. Tu entends quel son ?
e. Change de place et recommence.
f. Lis les descriptions.

LA CLÉ

Lire et écouter une consigne, c'est faire attention :
- au verbe
- au mot interrogatif de la question
- aux détails

Je sais repérer des profils d'apprentissage

À DEUX **Créez un graphique pour repérer des profils.**

1. Pose des questions à ton voisin ou ta voisine. Fais attention au verbe.

Exemple : *Tu aimes marcher ? écrire ?
écouter de la musique ? apprendre par cœur ?
faire du théâtre ? chanter ? avoir un stylo dans les mains ?
lire des BD ?…*

2. À chaque réponse, colorie un étage du bon profil.

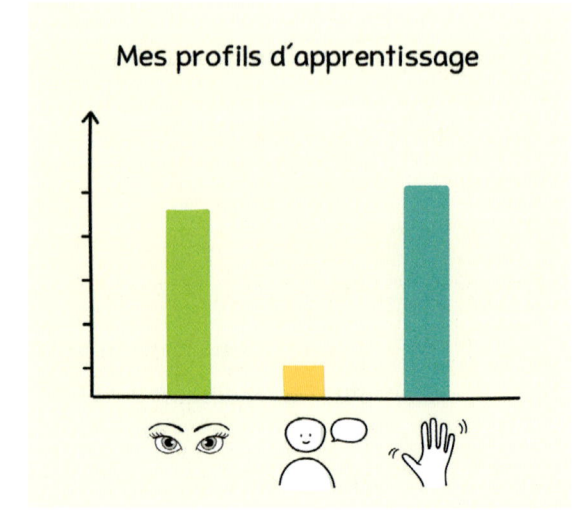

RÉVISE TON VOCABULAIRE

> Cahier p. 63

Astuce-mémoire Réécris les mots avec des couleurs.

Les pièces de la maison

 ◀ le bureau

la chambre ▶

 ◀ la cuisine

la salle à manger ▶

 ◀ la salle de bains

le salon ▶

 ◀ les toilettes

Les logements

un appartement

un bateau / une péniche

un chalet

une maison

Les nombres ordinaux

1ᵉʳ premier, première
2ᵉ deuxième
3ᵉ troisième
4ᵉ quatrième
5ᵉ cinquième
6ᵉ sixième

Les moyens de transport

l'avion (masc.) — le bus — le métro
la moto — à pied — le train
le tramway — le vélo — la voiture

Les lieux de la ville

la bibliothèque — le cinéma — la gare
l'hôtel (masc.) — le musée — le parc
la piscine — le restaurant — le stade

ACTIVITÉ 1
▷ À DEUX Imagine un immeuble. Les gens sont où ? Explique à ton voisin ou ta voisine. Il/Elle dessine.

ACTIVITÉ 2
▷ EN GROUPES Mime un lieu de la ville. Ton groupe devine.

L'ENQUÊTE

Quelle est l'adresse de Léa ? #3

J'habite au-dessus de la boulangerie, au numéro **1**, rue **2**. Notre appartement est au **3** étage.

INDICE N°1

Regarde bien la photo.

→ Quel est le numéro ?

INDICE N°2

Louis Braille (1809-1852) invente un alphabet pour les personnes malvoyantes (elles ne voient pas bien).

⠇⠫⠕⠝ ⠀ (braille)

→ Cherche cet alphabet et écris le mot : _ _ _ _ _ _ _ _

INDICE N°3

Dans chaque jeu, trouve deux mots de 4 ou 5 lettres : le premier dans le sens de la flèche 1 ; le second dans le sens de la flèche 2.

Exemple
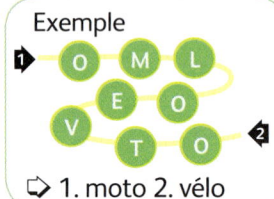
⇨ 1. moto 2. vélo

Jeu n°1
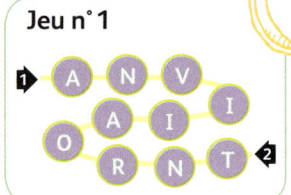

Jeu n°2
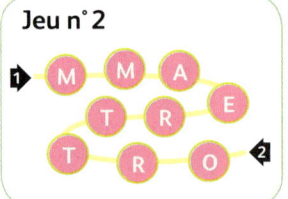

Jeu n°3
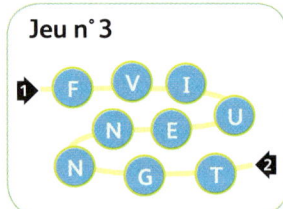

→ Quel jeu n'a pas de moyen de transport ? Le jeu n° …

 C'est la fin de l'enquête, la solution.

Va sur Internet et regarde où Léa habite exactement à Lyon.

Bravo !

Relève *le défi* de l'unité !

EN GROUPES
• ✏ Vous écrivez un e-mail à Léa avec des indications pour aller de la gare au collège.

EN CLASSE
• 💬 **Créez une carte interactive**. Chacun dit où il habite et indique le chemin entre sa maison et le collège.

le mémo *du défi*

Dire où on habite
✓ J'habite
- à Lyon.
- au numéro…
- dans une maison / un appartement.

Indiquer un chemin
✓ Sors de la gare.   ✓ Continue/Va tout droit.
✓ Tourne à gauche.   ✓ Prends la troisième à droite.

Le coin BD

Le coin BD

Brice Cossu, Olivier Bocquet, *Frnck*, tome 2, *Le Baptême du feu* © Dupuis.

PRÉPARE LE DELF

Compréhension de l'oral

Exercice 1 — 4 points

🎧 143 Vous êtes en France. Vous entendez ce message dans un magasin. Lisez les questions. Écoutez le document puis répondez.

1. Qu'est-ce que le magasin fête ? — 1 point
   A. Le printemps. B. L'été. C. L'automne.

2. Les poires coûtent combien ? — 1 point
   A. 1,30 euro le kilo. B. 1,60 euro le kilo. C. 1,80 euro le kilo.

3. Qu'est-ce que vous pouvez manger avec le poisson ? — 1 point

   A.    B.    C.

4. Qu'est-ce que vous pouvez acheter pour le dessert ? — 1 point

   A.    B.    C.

Exercice 2 — 8 points

🎧 144 Vous allez entendre quatre petits dialogues correspondant à quatre situations différentes. Attention, il y a six images (A, B, C, D, E et F) mais seulement quatre dialogues.

Image A

Situation n°…

Image B

Situation n°…

Image C

Situation n°…

Image D

Situation n°…

Image E

Situation n°…

Image F

Situation n°…

PRÉPARE LE DELF

Compréhension des écrits

6 points

> COUCOU !
>
> Avec mon club de théâtre, nous présentons notre spectacle vendredi, à 19 heures. Viens, c'est très drôle ! À 20 h 30, il y a un repas dans la salle pour fêter ça.
>
> L'adresse est 18 rue du marché, à gauche du cinéma. Pour venir depuis le collège, ne prends pas le bus. Marche tout droit. Prends la troisième à droite et tourne à gauche après la bibliothèque.
>
> Théa

Vous habitez en France. Vous recevez cette carte de votre amie française.

Lisez le document et répondez aux questions.

1. Théa propose une sortie… .... 1 point
   A. au cinéma.   B. au concert.   C. au théâtre.

2. Le rendez-vous est à quelle heure ? .... 1 point
   A. 18 heures.   B. 19 heures.   C. 20 h 30.

3. Qu'est-ce que vous pouvez faire ensuite, dans la salle ? .... 1 point
   A. Jouer.   B. Danser.   C. Manger.

4. Comment est-ce que vous allez au rendez-vous ? ..... 1 point
   A. À pied.   B. À vélo.   C. En bus.

5. Quel est le chemin pour aller au rendez-vous ? .... 2 points

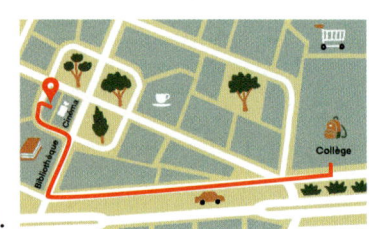
A.

B.

C.

Production orale

25 points

- **Entretien dirigé**

Vous répondez aux questions de l'examinateur sur vous, votre famille, vos goûts ou vos activités. Exemples : « Comment vous vous appelez ? », « Quelle est votre nationalité ? », etc.

- **Échange d'informations**

Vous voulez connaître l'examinateur. Vous lui posez des questions à l'aide des mots écrits sur les cartes. Vous ne devez pas obligatoirement utiliser le mot, vous pouvez poser une question sur le thème. Exemple : avec la carte « Date de naissance », vous pouvez poser la question « Vous avez quel âge ? ».

(Petit déjeuner ?)   (Couleur ?)   (Profession ?)   (Matière ?)   (Habiter ?)   (Loisirs ?)

- **Dialogue simulé**

Vous habitez en France. Vous allez à la pizzeria avec un(e) ami(e) français(e). Vous posez des questions au serveur sur les pizzas (taille, ingrédients, prix) et les boissons. Vous choisissez et vous payez.

FRANCE MÉTROPOLITAINE
régions, départements et préfectures

U1 IMAGINE LA GÉOGRAPHIE... EN FRANÇAIS !

> Cahier p. 80

La géographie, c'est...

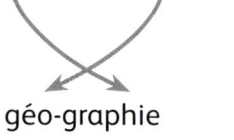

... un dessin de la planète Terre

géo-graphie

1. Regarde le globe et nomme les couleurs.

Aujourd'hui, on parle de continents et d'océans.

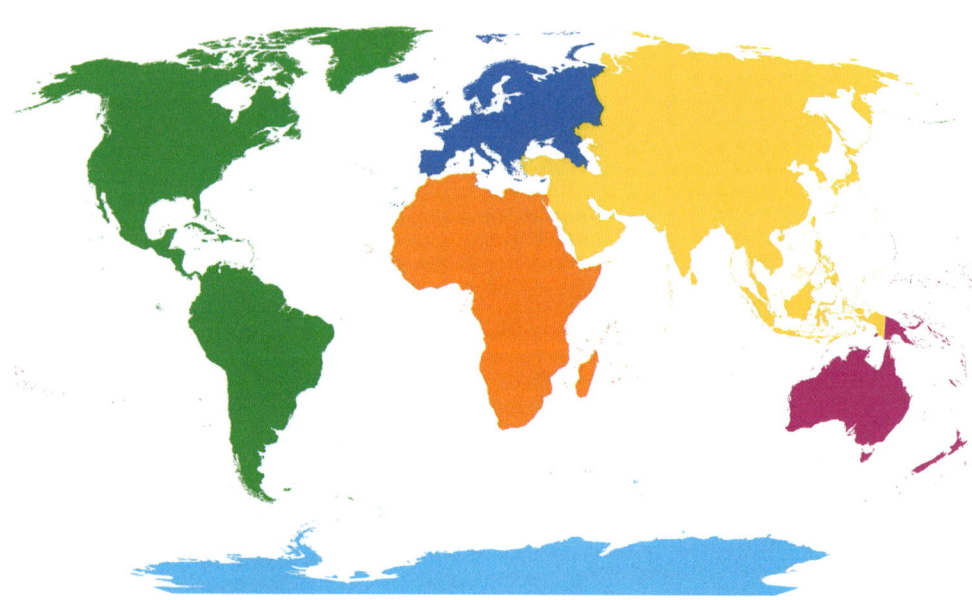

Sur la Terre, il y a six continents : l'Afrique, l'Amérique, l'Antarctique, l'Asie, l'Europe et l'Océanie.

2. Montre les six continents sur la carte.

La Terre est bleue : 71 % de la planète Terre, ce sont des océans et des mers. Il y a cinq océans : Arctique, Antarctique, Atlantique, Pacifique, Indien.

3. Montre les océans sur la carte.

Et chez toi, c'est où ?

J'habite en France, à côté de l'océan Atlantique.

La France a des frontières avec des pays et des mers (la Manche et la Méditerranée).

4. Où est la France ? Nomme les pays aux frontières de la France.

5. À DEUX Avec ton voisin ou ta voisine, nomme le maximum de pays. Écris leur nom en français.

Le DICO... de géographie

✶ un continent
✶ une frontière
✶ un globe
✶ une mer
✶ un océan
✶ un pays
✶ une planète

U2 IMAGINE LES ARTS PLASTIQUES... EN FRANÇAIS !

> Cahier p. 81

Les arts plastiques, c'est...

... voir des **formes**, des couleurs et des **volumes** de façon esthétique.

Victor Vasarely, *Alphabet*, A.B.C., 1965.

1. Nomme les couleurs et les formes du tableau *Alphabet*.
   ● rond   ■ carré   ◆ losange   — trait
2. Pour toi, c'est un alphabet ?

Aujourd'hui, on parle d'une œuvre...

TITRE : *Vega*
DATE : **1956**
ARTISTE : Victor Vasarely
DATE DE NAISSANCE : **1906**
PROFESSION : peintre
LIEU DE NAISSANCE : Hongrie
NATIONALITÉ : française (1961)
MOUVEMENT : l'art optique

3. Trouve et nomme les formes cachées.
4. Présente l'**artiste**.

... et d'une technique.

5. Fais un dessin, à la manière de Vasarely.
   ➩ Dessine un rond au **compas** au milieu d'une feuille.
   ➩ Dessine un **damier** à l'extérieur du rond.
   ➩ Choisis deux couleurs et colorie le damier.
   ➩ Dessine un damier avec des **lignes courbes** dans le rond.
   ➩ Colorie avec les deux couleurs.

Le DICO...
d'arts plastiques

* un artiste
* un compas
* un damier
* une forme
* une ligne courbe
* un volume

U3 IMAGINE LES SVT… EN FRANÇAIS !

> Cahier p. 82

Les sciences de la vie et de la Terre (SVT), c'est…

… observer et comprendre les **êtres vivants** (animaux et plantes).

1. Regarde la photo. Comment s'appelle cet animal ? Nomme trois autres animaux qui commencent par la lettre *c*.

Aujourd'hui, on parle d'une classification…

| Groupe avec des **yeux** | Groupe avec des **plumes** | Groupe avec des **poils** | Groupe avec quatre **membres** | Groupe avec des **nageoires** |

2. Regarde la **classification** et nomme chaque animal.

3. Réponds.

a. Quels animaux ont des yeux ? des poils ? quatre membres ?

b. Quel animal a des plumes ? des nageoires ?

… et d'une technique.

Un groupe a un nom.
On classe un animal dans un ou des groupes.
Par exemple, le chat et le chien sont dans le groupe *poils*, dans le groupe *yeux* et dans le groupe *quatre membres*.

4. À DEUX Avec ton voisin ou ta voisine, nomme deux animaux avec trois groupes comme le chat et le chien.

5. À DEUX Avec ton voisin ou ta voisine, crée un groupe commun à ces deux êtres vivants. Utilise un des mots du Dico.

Le DICO… de SVT

* une classification
* une coquille
* un être vivant
* un membre
* une nageoire
* une plume
* un poil

U4 IMAGINE LA LITTÉRATURE... EN FRANÇAIS !

> Cahier p. 83

La littérature, c'est...

... des œuvres écrites ou orales esthétiques.

poésie • théâtre • roman • conte • fable

Maryse Condé • Andrée Chedid • La Fontaine • Saint-Exupéry • Molière

1. Regarde le document. Associe un(e) **auteur(e)** francophone à un **genre littéraire**.

Aujourd'hui, on parle de monstres...

2. Lis. Nomme les caractéristiques physiques du **monstre**.

Le monstre est un **personnage** littéraire. Il est grand, gros ou fort.
Il peut avoir trois formes :
- animale (exemple : le dragon)
- animale et humaine (exemple : le Sphinx dans *Harry Potter*, de J. K. Rowling)
- humaine (exemple : Quasimodo dans *Notre-Dame de Paris*, de Victor Hugo).

... dans un roman.

3. Regarde la **couverture** et réponds.
a. L'auteur, c'est qui ?
b. Le **roman** s'appelle comment ?
c. Le monstre a quelle forme ?

4. À DEUX Créez un monstre. Dessinez-le et écrivez un petit texte pour le présenter.

Le DICO... de littérature

- un(e) auteur(e)
- une couverture
- un genre littéraire
- un monstre
- un personnage
- un roman

quatre-vingt-dix-sept **97**

U5 IMAGINE LES MATHS… EN FRANÇAIS !

> Cahier p. 84

Les mathématiques, c'est…

… le langage **logique** des chiffres, des **nombres**, des formes et de leurs relations.

1. À DEUX Est-ce que vous aimez les mathématiques ? Qu'est-ce que vous aimez et n'aimez pas en maths ?

Aujourd'hui, on parle de recette mathématique…

2. 🎧 145 Lis, puis écoute la recette. Associe.

plus   divisé par   moins

multiplié par

3. Calcule les quantités. Compare avec ton voisin ou ta voisine.

La recette des gaufres au chocolat

Pour 5 gaufres

- 25 × 7 g de farine
- 16,5 × 4 g de sucre
- 1 œuf
- 95 − 40 g de beurre
- 1500 ÷ 10 cL
- 3 g + 15 g + 5 g de cacao
- 1 g de sel
- 1 cuillère à café de levure

… et de problèmes !

4. Lis et calcule.

a. Il y a combien de sucre dans une gaufre ?

b. Je veux deux fois moins de beurre. Je dois utiliser combien de grammes de beurre ?

c. Une cuillère à soupe (15 g), c'est 3 cuillères à café. Combien de grammes de levure est-ce qu'il y a dans la recette ?

5. À DEUX Créez une recette mathématique. Bon appétit !

Le DICO…
de mathématiques

- additionner +
- calculer
- diviser ÷
- logique
- multiplier ×
- un nombre
- soustraire −

U6 IMAGINE L'HISTOIRE... EN FRANÇAIS !

> Cahier p. 85

L'histoire, c'est...

... étudier des **événements** passés et l'évolution du monde.

1. Regarde cette image. Associe une date à un personnage. C'est qui *J.-C.* ?

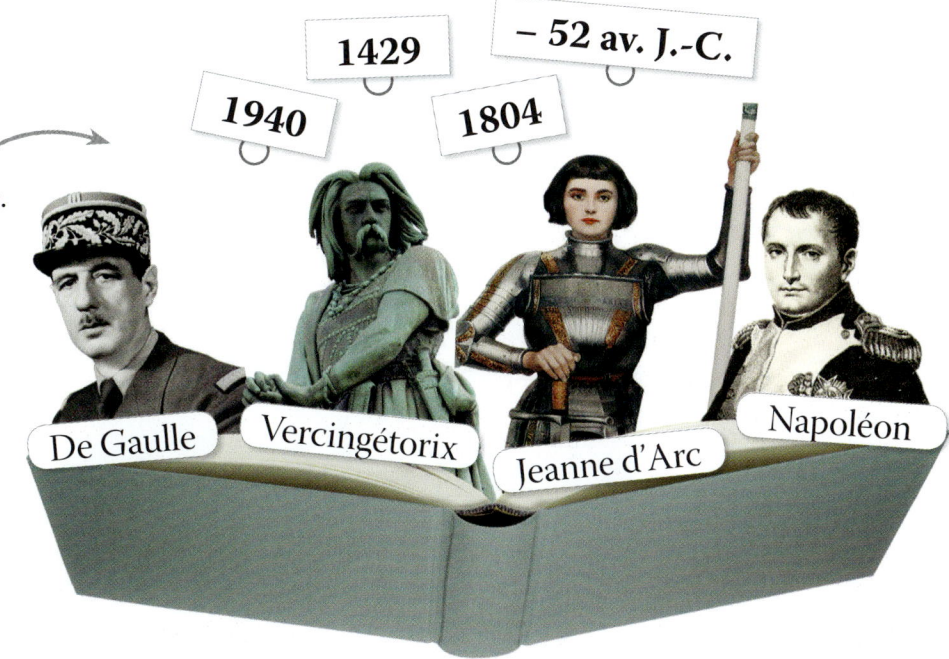

1940 — 1429 — 1804 — – 52 av. J.-C.

De Gaulle — Vercingétorix — Jeanne d'Arc — Napoléon

Aujourd'hui, on parle des villes gallo-romaines...

L'**époque** gallo*-romaine (de 121 avant J.-C. à 456) est dans l'**Antiquité** (de 3000 avant J.-C. à 476).
*gallo : gaulois (vieux nom des Français).

2. Regarde le plan et réponds aux questions.
a. C'est quelle ville ?
b. Cette ville est à côté de quel pays ?
c. Comment s'appellent les fleuves ?
d. Quelles sont les activités ?

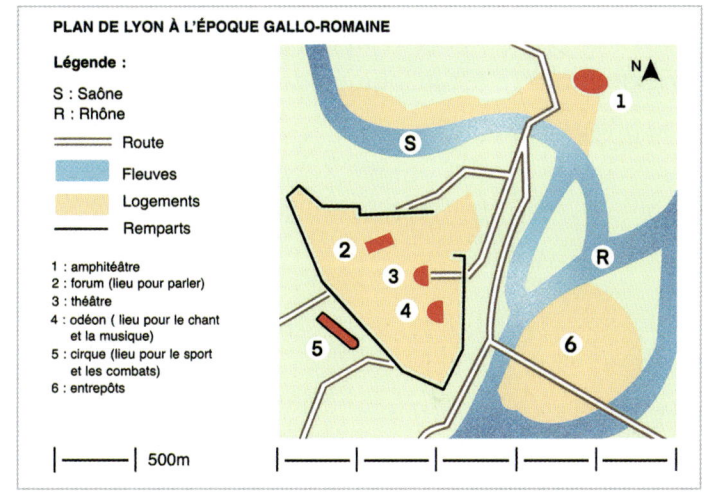

PLAN DE LYON À L'ÉPOQUE GALLO-ROMAINE

Légende :
S : Saône
R : Rhône
Route
Fleuves
Logements
Remparts

1 : amphithéâtre
2 : forum (lieu pour parler)
3 : théâtre
4 : odéon (lieu pour le chant et la musique)
5 : cirque (lieu pour le sport et les combats)
6 : entrepôts

500m

... et de leurs monuments.

3. Lis le texte. Repère les noms de monuments et les moyens de transport.

Les Romains construisent* des monuments religieux et des monuments culturels (des théâtres, des **amphithéâtres**, des cirques). Ils construisent aussi des routes et des **aqueducs** (pour transporter l'eau).
* construisent = créent.

Le DICO... d'histoire

✱ un amphithéâtre
✱ l'Antiquité (fém.)
✱ un aqueduc
✱ une date
✱ une époque
✱ un événement
✱ un monument

4. Regarde et nomme le monument.

5. Traduis dans ta langue les mots du Dico et compare avec ton voisin ou ta voisine.

RÉVISE TA GRAMMAIRE

Aujourd'hui, Léa révise sa grammaire.

La grammaire, c'est la logique des mots et des phrases.
Une phrase, c'est…

❗ La grammaire, ce sont aussi des exceptions.

La phrase

Dans une phrase, il y a un toujours une majuscule et un élément de ponctuation.

- **l'affirmation** (= oui)   Je parle français.
- **la négation** (= non)   Je **ne** parle **pas** français.
                                Je **n'**aime **pas** le chocolat.

❗ Devant un verbe qui commence par une voyelle ou un *h* muet : *ne* ➜ *n'*.

- **l'exclamation** (= émotion)   J'aime le français !
- **l'interrogation** (= question)   Tu parles français ?

L'interrogation

Pour poser une question, on peut utiliser :

- **un pronom interrogatif**

	pour interroger sur	
qui	une personne	C'est **qui** ?
quoi	une chose	C'est **quoi** ?
où	le lieu	C'est **où** ?
quand	le moment	C'est **quand** ?
comment	la manière	Tu viens **comment** ?
combien	la quantité	Ça fait **combien** ?
pourquoi	la cause	**Pourquoi** est-ce que tu travailles ?

- ***est-ce que… ? qu'est-ce que… ?***

    Est-ce que tu aimes le français ?   → Oui/Non.
    Qu'est-ce que tu aimes ?   → J'aime le français, les sciences et le sport.

❗ Devant un pronom ou un nom qui commence par une voyelle : *que* → *qu'*. *Qu'est-ce qu'il aime ?*

- ***quel(le)(s) ?***

	masculin	féminin
singulier	quel	quelle
pluriel	quels	quelles

Sujet + verbe + *quel(le)(s)* + nom… ?

   Tu aimes **quel** sport et **quelle** musique ?
   Tu parles **quelles** langues ?

Quel(le)(s) + être + nom… ?

   Quelle est ta couleur préférée ?
   Quels sont tes animaux préférés ?

Les pronoms sujets

Le pronom sujet remplace une personne.

je	nous
tu	vous
il/elle/on	ils/elles

Il est sujet du verbe.
   Elle mange.

❗ Devant un verbe qui commence par une voyelle ou un *h* muet : *je* → *j'*.
   J'aime le français. J'habite à Lyon.

❗ *On* = *nous* à l'oral. Le verbe se conjugue comme avec *il* ou *elle*.
   Léa et moi, **on** parle français.

RÉVISE TA GRAMMAIRE

Le nom

Le nom commun désigne une personne, un animal ou un objet.

- Il a un genre : le **masculin** et le **féminin**.
  J'ai un ami. J'ai une ami**e**.
  J'ai un chien. J'ai une chien**ne**.

- Il a un nombre : le **singulier** et le **pluriel**.
  J'ai un ami. J'ai deux ami**s**.
  J'ai un chien. J'ai des chien**s**.

❗ Les mots en *-au, -eau, -œu* prennent un **-x** au pluriel : un ciseau, des ciseau**x**.

Les présentatifs

- *C'est… Il/Elle est…* pour présenter une personne, un animal ou un objet.

singulier	pluriel		
C'est…	Ce sont…	{ + nom(s) de personne + déterminant + nom	C'est Léa. C'est mon amie.
Il/Elle est…	Ils/Elles sont…	+ adjectif	Elle est française.
Il/Elle est… C'est un/une…	Ils/Elles sont… Ce sont des…	+ profession	Ils sont acteurs. Ce sont des acteurs.

- *Il y a…* pour décrire.
  À Paris, **il y a** la tour Eiffel.

Les déterminants

Le déterminant se place devant un nom.

- **Les articles définis** (= je connais l'objet, la personne ou l'animal)

	masculin	féminin
singulier	le	la
pluriel	les	

Le chien d'Arthur est marron. (= je connais le chien d'Arthur)

❗ Devant un nom qui commence par une voyelle ou un *h* muet : *le, la* ➜ *l'*.
L'éléphant est un animal.

- **Les articles indéfinis** (= je ne connais pas l'objet, la personne ou l'animal)

	masculin	féminin
singulier	un	une
pluriel	des	

C'est **un** chien. (= je ne connais pas ce chien)

❗ Dans une phrase négative : *un, une, des* ➜ *de*. Je n'ai pas **de** stylo.

- **Les adjectifs possessifs** : pour indiquer une possession

	je	tu	il/elle	nous	vous	ils/elles
masculin singulier	mon	ton	son	notre	votre	leur
féminin singulier	ma	ta	sa	notre	votre	leur
masculin ou féminin pluriel	mes	tes	ses	nos	vos	leurs

Mes amis sont français. (= les amis de *je*)

Sa mère est belge. (= la mère de *elle*)

❗ Devant un nom qui commence par une voyelle ou un *h* muet : *ma, ta, sa* ➜ *mon, ton, son*. C'est **mon** amie.

- **Les articles contractés**

à +	le	la	les
	au	à la	aux

Je vais **au** marché. Je vais **à la** mer. Je vais **aux** toilettes.

❗ Devant un nom qui commence par une voyelle ou un *h* muet : *à l'*. Je vais **à l'**hôpital. Je vais **à l'**école.

de +	le	la	les
	du	de la	des

Je fais **du** sport. Je fais **de la** gymnastique. Je fais **des** courses.

❗ Devant un nom qui commence par une voyelle ou un *h* muet : *de l'*. Je fais **de l'**équitation.

- **Les démonstratifs** : pour montrer une personne, un animal ou une chose

	masculin	féminin
singulier	ce, cet	cette
pluriel	ces	

❗ Devant un nom qui commence par une voyelle ou un *h* muet : *ce* ➜ *cet*. **Cet** enfant parle deux langues.

RÉVISE TA GRAMMAIRE

- **Les partitifs** : quand on ne peut pas compter

masculin	féminin	+ a, e, i, o, u, h (masculin ou féminin)
du	de la	de l'

Il mange **du** pain, **de la** confiture et il boit **de l'**eau.

❗ Dans une phrase négative : *du, de la, de l'* ➜ *de, d'*.   Je ne mange pas de pain et ne bois pas d'eau.

Les quantités

Pour mesurer les personnes, les aliments, etc.

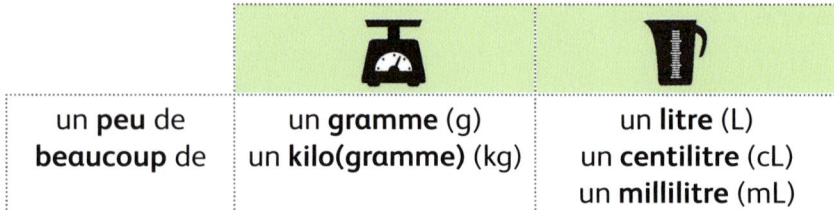

un **peu** de **beaucoup** de	un **gramme** (g) un **kilo(gramme)** (kg)	un **litre** (L) un **centilitre** (cL) un **millilitre** (mL)

Il achète **un peu de** farine, trois **kilos de** tomates et un **litre de** lait.

❗ Devant un nom qui commence par une voyelle ou un *h* muet : *de* ➜ *d'*. Il achète un litre **d'**eau.

Les adjectifs

L'adjectif apporte une information ou une précision sur un objet, une personne ou un animal.

Il est **sympathique**.   Il porte un tee-shirt **rouge**.

- **Le genre de l'adjectif**

En général, on ajoute un *-e* au féminin. Il est grand. Elle est grande.

masculin	féminin	
-e	-e	Il est mince. Elle est mince.
-on	-onne	Il est bon. Elle est bonne.
-eux	-euse	Il est curieux. Elle est curieuse.
-if	-ive	Il est sportif. Elle est sportive.

❗ *beau* ➜ *belle*, *vieux* ➜ *vieille*, *roux* ➜ *rousse*, *gentil* ➜ *gentille*

💬 À l'oral, on entend le féminin de l'adjectif, sauf quand l'adjectif ne change pas.

- **Le nombre de l'adjectif**

En général, on ajoute un *-s* au pluriel. Il est mince. Ils sont minces.

singulier	pluriel	
-eau	+ -x	Il est beau. Ils sont beaux.
-al	-aux	Il est génial. Ils sont géniaux.
-s	-s	Il est gros. Ils sont gros.
-x	-x	Il est courageux. Ils sont courageux.

- **Les adjectifs de nationalité**

masculin	féminin	
-e	-e	Il est belge. Elle est belge.
-s -d -n	+ -e	Il est français. Elle est française. Il est allemand. Elle est allemande. Il est argentin. Elle est argentine.
-ien	-ienne	Il est colombien. Elle est colombienne.
-c	+ -que	Il est grec. Elle est grecque.

Les prépositions

- **De lieu**

la maison de quelqu'un	chez	Je vais **chez** mes grands-parents samedi.
une ville	à	Je vais **à** Paris ce week-end.

- **De temps**

←	avant	Je fais cet exercice **avant** ce soir.
•	à	Je mange **à** midi.
→	après	**Après** mon travail, je regarde la télévision.
les saisons*, les mois	en	**En** été et **en** hiver, je ne travaille pas. **En** décembre, c'est mon anniversaire.

*❗ **au** printemps

- **Pour un moyen de transport**

ouvert	à	Je vais au collège **à** vélo, **à** pied, **à** moto.
fermé	en	Je vais à Paris **en** avion, **en** bateau, **en** train.

Les connecteurs

Un connecteur relie deux idées.

+	et	Léa **et** Arthur sont français.
/	ou	Tu as une voiture **ou** une moto ?
≠	mais	J'aime le sport, **mais** je n'aime pas la musique.
⇐	parce que	Je vais à Paris **parce que** j'aime cette ville.

cent cinq 105

RÉVISE TA CONJUGAISON

Le verbe

Le verbe exprime une action ou un état.

*Léa **mange**.
Léa **est** heureuse.*

Le verbe a une **base** et une **terminaison**.

Léa mang-e.

Quand on conjugue un verbe, la terminaison change avec le sujet.

je parl**e**   nous parl**ons**
tu parl**es**   vous parl**ez**
il/elle/on parl**e** ils/elles parl**ent**

Quand on ne conjugue pas un verbe, il est à **l'infinitif**.

parl**er**   mang**er**   voul**oir**   ven**ir**

Le présent

Pour exprimer	
une action au moment où l'on parle	Je **mange**.
une habitude	Le week-end, je **fais** du sport.
un état, une description	C'**est** mon amie. Elle **est** super !
un futur très proche	Ce soir, je **vais** chez Léa.

- **Le présent des verbes en -er (1er groupe)**

parler
je parl**e**
tu parl**es**
il/elle/on parl**e**
nous parl**ons**
vous parl**ez**
ils/elles parl**ent**

- **Les verbes particuliers en -er**

Les verbes comme man**g**er.
  *nous mang**e**ons*
Les verbes comme ach**e**ter.
  *j'ach**è**te, tu ach**è**tes, il/elle/on ach**è**te, ils/elles ach**è**tent*

❶ Il y a aussi des verbes irréguliers : *avoir, être, aller, faire, pouvoir…* > Tableaux de conjugaison p. 108

L'impératif

Pour dire à une personne de faire quelque chose.

Regarde !

On écrit les verbes sans pronom sujet.
On met souvent un point d'exclamation (!) à la fin de la phrase.

- **L'impératif des verbes en -er (1er groupe)**

parler
parl**e**
parl**ons**
parl**ez**

❶ Il n'y a pas de *-s* pour les verbes en *-er* à la 2e personne du singulier.
❶ Il y a aussi des verbes irréguliers : *avoir, être, faire…* > Tableaux de conjugaison p. 108

TABLEAUX DE CONJUGAISON

Avoir et être

	avoir	être
présent	j'ai tu as il/elle/on a nous avons vous avez ils/elles ont	je suis tu es il/elle/on est nous sommes vous êtes ils/elles sont
impératif	aie ayons ayez	sois soyons soyez

Des verbes du 1er groupe (en -er)

	parler	aimer
présent	je parle tu parles il/elle/on parle nous parlons vous parlez ils/elles parlent	j'aime tu aimes il/elle/on aime nous aimons vous aimez ils/elles aiment
impératif	parle parlons parlez	aime aimons aimez

	acheter	manger
présent	j'achète tu achètes il/elle/on achète nous achetons vous achetez ils/elles achètent	je mange tu manges il/elle/on mange nous mangeons vous mangez ils/elles mangent
impératif	achète achetons achetez	mange mangeons mangez

	porter	habiter
présent	je porte tu portes il/elle/on porte nous portons vous portez ils/elles portent	j'habite tu habites il/elle/on habite nous habitons vous habitez ils/elles habitent
impératif	porte portons portez	habite habitons habitez

Des verbes du 3ᵉ groupe

	faire	aller
présent	je fais tu fais il/elle/on fait nous faisons vous faites ils/elles font	je vais tu vas il/elle/on va nous allons vous allez ils/elles vont
impératif	fais faisons faites	va allons allez

	vouloir	pouvoir
présent	je veux tu veux il/elle/on veut nous voulons vous voulez ils/elles veulent	je peux tu peux il/elle/on peut nous pouvons vous pouvez ils/elles peuvent

	venir	prendre
présent	je viens tu viens il/elle/on vient nous venons vous venez ils/elles viennent	je prends tu prends il/elle/on prend nous prenons vous prenez ils/elles prennent
impératif	viens venons venez	prends prenons prenez

	lire	écrire
présent	je lis tu lis il/elle/on lit nous lisons vous lisez ils/elles lisent	j'écris tu écris il/elle/on écrit nous écrivons vous écrivez ils/elles écrivent
impératif	lis lisons lisez	écris écrivons écrivez

PHONÉTIQUE

 Vidéo phonétique

Le schéma articulatoire

Anatomie de la bouche

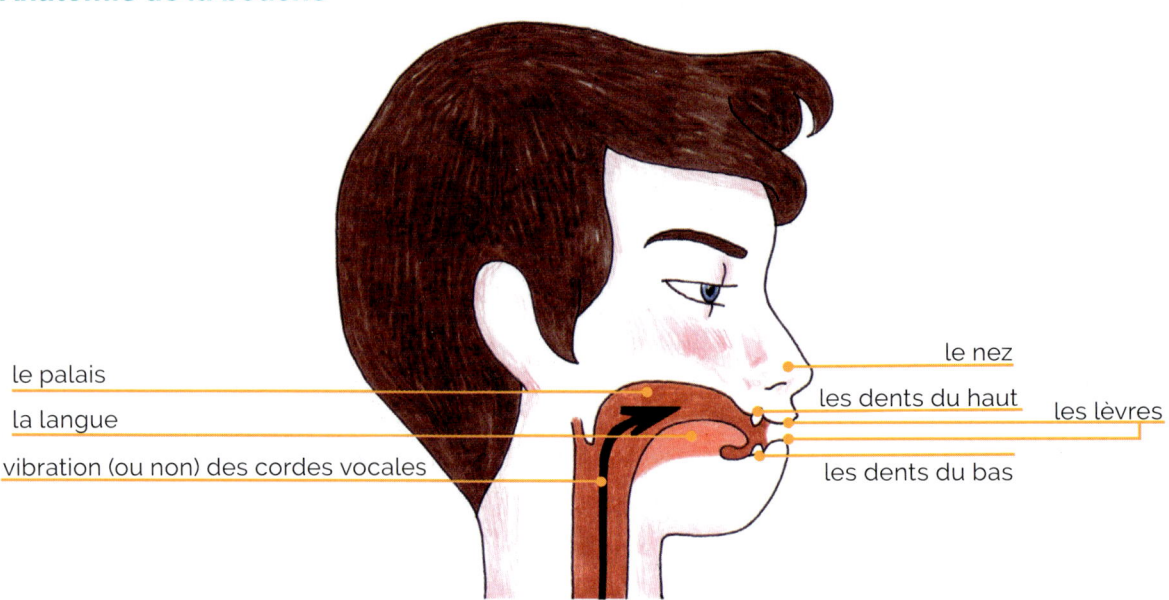

- le palais
- la langue
- vibration (ou non) des cordes vocales
- le nez
- les dents du haut
- les lèvres
- les dents du bas

Les symboles utilisés dans *Imagine 1*

Ouverture de la bouche

 bouche très fermée
 bouche fermée
 bouche ouverte
 bouche très ouverte

Position des lèvres

— lèvres tirées
• lèvres arrondies

Position de la langue

→ langue en avant
← langue en arrière
⌣ contact entre les dents du haut et la lèvre du bas
◖ contact entre les deux lèvres

Passage de l'air

 l'air sort d'un coup
 l'air sort en continu

Vibration des cordes vocales

 consonne sonore (les cordes vocales vibrent)
consonne sourde (les cordes vocales ne vibrent pas)

Oralité et intonation

‿ liaison
  e ou consonne non prononcée
 la voix monte

 Vidéo phonétique

Les sons du français

Les voyelles

LE SON	COMME DANS...
VOYELLES ORALES	
[i]	lire, une île, le maïs, un stylo
[e]	les, parler, un nez, un pied, une clef, et un dessin, un été, fêter, je vais, payer c'est
[ɛ]	un père, une fête, beige, faire, c'est
[a]	Il y a des pâtes à l'école.
[y]	une jupe, une flûte
[ə]	le, petit, vendredi
[ø]	peu, une coiffeuse, des œufs
[œ]	une peur, un œuf, un accueil, un œil
[u]	vous, un goûter, tu vas où ?
[o]	une moto, rose, tôt chaud, un bateau
[ɔ]	un homme, octobre, museum
VOYELLES NASALES	
[ã]	sans, une chambre lent, le temps, un client
[ɛ̃]	un matin, important sympa, lundi, un parfum, plein Reims, une main, la faim, loin bien, un citoyen, coréen, un examen
[õ]	ils sont, un nom

Les consonnes

LE SON	COMME DANS...
L'AIR SORT D'UN COUP	
[p]	un père, apprendre
[b]	un bébé
[t]	une tante, une fourchette, sympathique
[d]	deux, une addition
[k]	un cadeau, une couleur, un cube un accueil, un kilo, pourquoi, un chœur
[g]	grand, un gâteau, le goûter une baguette, une guitare
L'AIR SORT EN CONTINU	
[f]	un café, un coiffeur, une photo
[v]	un vélo, un wagon
[s]	sel, danser, un poisson les sciences ça, un cinéma, une bicyclette, cette une addition, dix
[z]	un zoo, une usine, une pizza
[ʃ]	un chien, un schéma
[ʒ]	un jardin imaginer, la gymnastique manger, mangeons
/R/	regarder, prendre, un verre, un rhume
[l]	la, elle
[m]	mais, une femme
[n]	non, italienne

Les semi-voyelles

LE SON	COMME DANS...
[ɥ]	lui, saluer
[w]	oui une voiture, envoyer, le web
[j]	le ciel, associer, du yoga, envoyez un travail, une feuille

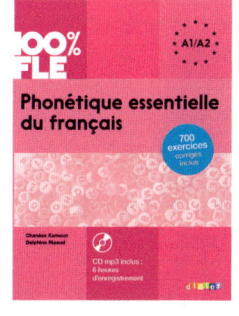

Adaptation des tableaux de l'ouvrage *Phonétique essentielle du français A1/A2* avec l'aimable autorisation des auteurs, Chanèze Kamoun et Delphine Ripaud.

TRANSCRIPTIONS

Unité 0

Piste 2 Activité 1.1 .... p. 8
Bonjour ! Salut !

Piste 3 Activité 2.1 .... p. 8
blanc, bleu, jaune, marron, noir, orange, rouge, rose, vert, violet

Piste 4 Activité 3.1 .... p. 8
A B C D E F G H I J K L M N O P Q R S T U V W X Y Z

Piste 5 Activité 3.2 .... p. 8
Bonjour, je m'appelle Ayaka : A Y A K A.

Piste 6 Activité 4.1 .... p. 9
0 1 2 3 4 5 6 7 8 9

Piste 7 Activité 4.2 .... p. 9
5 2 7 9 3

Piste 8 Activité 6.2 .... p. 9
a. cinq règles
b. trois stylos verts
c. des lunettes
d. deux livres
e. dix crayons

Unité 1

Piste 9 Activité 1.2 .... p. 12
Salut, je m'appelle Lucien.
Et toi, tu t'appelles comment ?

Piste 10 Activité 3.1 .... p. 12
A B C D E F G H I J K L M N O P Q R S T U V W X Y Z

Piste 11 Activité 3.2 .... p. 12
Exemple : Léa, L – E accent aigu – A
a. Estelle, E, S, T, E, 2 L, E
b. François, F, R, A, N, C cédille, O, I, S
c. Anaïs, A, N, A, I tréma, S
d. Thérèse, T, H, E accent aigu, R, E accent grave, S, E
e. Jérôme, J, E accent aigu, R, O accent circonflexe, M, E

Piste 12 Activité 3.3 .... p. 12
♪ A B C D E F G H I J K L M N O P Q R S T U V W X Y et Z...

Piste 13 Activité 2 .... p. 13
a. la France
b. les États-Unis
c. le Maroc
d. le Japon
e. l'Italie
f. la Grèce

Piste 14 Activité 3.1 .... p. 13
C'est Léa. Elle est française.
Et lui, c'est Arthur. Il est français aussi.
Et elle, c'est Élise : elle est belge.

Piste 15 Activité 3.2 .... p. 13
a. Il s'appelle comment ?
b. Il s'appelle Gilles.
c. Il est belge.
d. Et elle ? Elle s'appelle Estelle.

Piste 16 Activité 3.3 .... p. 13
Gilles est à Manille. Estelle est aux Seychelles.
Camille est à Lille. Noël est à Bruxelles.

Piste 17 Activité 1.1 .... p. 14
a. nous
b. elle(s)
c. je
d. vous
e. tu
f. il(s)

Piste 18 Activité 2.1 .... p. 14
mexicaine
chinoise
coréen
russe
allemande
espagnol(e)
tunisien
suisse
canadienne
italienne

Piste 19 *Être* au présent .... p. 14
> Mémo p. 14

Piste 20 Activité 4.1 .... p. 15
Bonjour ! Bonjour ! Bonjour ! Bonjour ! Bonjour !

Piste 21 Total chiffré .... p. 16
onze – douze – treize – quatorze – quinze – seize – dix-sept – dix-huit – dix-neuf – vingt

Piste 22 Le coin des lecteurs .... p. 16
Nous sommes en 1934 à Paris. Il a 19 ans. Il s'appelle Vango. Il est français.

Piste 23 Activité 2.2 .... p. 17
– Regarde ! C'est Omar Sy ! Il est français. Il est acteur.
– Et là, regarde, c'est Penelope Cruz. Elle est actrice aussi. Elle est française ?
– Non, elle est espagnole.
– Et lui, c'est qui ?
– C'est Tony Parker, un joueur de basket-ball franco-américain.

Piste 24 Activité 3.3 .... p. 17
Poquelin. Jean-Baptiste. Janvier 1622. Paris.

Piste 25 Activité 2.2 .... p. 18
a. Mika, c'est un chanteur libanais.
b. Soprano ? Il est chanteur.
c. Émilie Bierre, c'est une actrice canadienne.
d. Sophie Nélisse, elle est danseuse.
e. Roger Federer, c'est un joueur de tennis suisse.

Piste 26 Activité 3 .... p. 18
a. Ils s'appellent Marc et Sophie.
b. Elle s'appelle Évane.
c. Je m'appelle Jeanne.
d. Vous vous appelez comment ?
e. Il s'appelle Fantin.
f. Nous nous appelons Thomas tous les deux.

Piste 27 *S'appeler* au présent .... p. 18
> Mémo p. 18

Piste 28 Activité 3.1 .... p. 19
Trois plus neuf égale douze.

Piste 29 J'apprends .... p. 20
a. Oui, madame.
b. S'il te plaît !
c. Merci.
d. Pardon, monsieur.
e. Au revoir.

Piste 30 Révise ton vocabulaire .... p. 21
> L'identité p. 21

Piste 31 Révise ton vocabulaire .... p. 21
> Les pays, les nationalités p. 21

Piste 32 Révise ton vocabulaire .... p. 21
> Les professions p. 21

Piste 33 Révise ton vocabulaire .... p. 21
> Les mois p. 21

Piste 34 Révise ton vocabulaire .... p. 21
> Les nombres (1) p. 21

Piste 35 Indice n°2 .... p. 22
Quatorze
Cinq
Vingt et un
Six

Unité 2

Piste 36 Activité 1.3 .... p. 24
– Oh ! là, là ! Demain, c'est la rentrée ! Alors, Arthur, tu as la liste des élèves de ta classe ?
– Oui… Nous sommes 24. Et je suis content : je suis avec Théo. Et vous, vous êtes combien ?
– 26.
– Tu es avec tes copines ?
– Oui… Et puis, il y a aussi mon joueur de foot préféré.
– Mbappé est dans ta classe ?
– Oui… enfin, pas Mbappé mais un garçon : il s'appelle Kylian.
– C'est super, alors ?!

Piste 37 Activité 2.1 .... p. 24
– Salut ! Moi, c'est Clara. J'ai 13 ans, je suis en 5e. Et toi, tu as quel âge ?
– Salut. Moi, c'est Arthur. J'ai 12 ans. Et voici Léa, elle a 11 ans.
– Salut Léa ! Voici mes copains : Hugo, 13 ans. Il est dans ma classe. Et Laura, 11 ans. Elle est en 6e.

Piste 38 Activité 3.1 .... p. 24
– Allô ?
– Bonsoir. Je cherche Karine Desforges. Vous la connaissez ?
– Qui parle ?
– Je suis Camille, une de ses anciennes camarades de classe.
– Camille ? Camille Beaudoin ?
   Mélissa Verreault, *Les Couleurs primaires*, collection « Mondes en VF ».

Piste 39 Activité 3.2 .... p. 24
– Allô ?
– Vous la connaissez ?
– Camille ?
– Camille Beaudoin ?
– Vous êtes madame Desforges ?

Piste 40 Activité 1.2 .... p. 25
– Papa, regarde !
– C'est quoi ?
– C'est la liste des fournitures pour la rentrée. Une gomme, une trousse, des stylos, un cahier, des feutres, un taille-crayon…
– Quoi ? Tout ça !!!

Piste 41 Activité 3.1 .... p. 25
– Alors, un classeur… un stylo noir… un cahier… un taille-crayon… une trousse… une règle… une gomme… et une colle UHU !
– Une quoi ?
– Une colle UHU… Regarde !

Piste 42 Activité 3.3 .... p. 25
♪ Arthur a des fournitures :
un classeur et un stylo,
un cahier et des ciseaux
mais, il n'a pas de peinture.
Il n'a pas de peinture.

Piste 43 Activité 1.1 .... p. 26
a. un stylo
b. un crayon
c. une photo
d. une gomme
e. un groupe
f. une trousse

TRANSCRIPTIONS

Piste 44 *Avoir* au présent .... p. 26
> Mémo p. 26

Piste 45 Activité 3.1 .... p. 27
55 – 46 – 37 – 30 – 61 – 48 – 39

Piste 46 Le coin des lecteurs .... p. 28
Enzo a 11 ans le 11 novembre. Son prénom a les mêmes lettres que le chiffre 11 : O N Z E.
Il est en 6ᵉ onze. En cours de SVT, sa voisine, c'est Eva.

Piste 47 Activité 1.2 .... p. 29
– À l'école, tu es plus EPS ou arts plastiques ?
– Arts plastiques !
– En langue vivante, tu es plus anglais ou allemand ?
– Anglais !
– Tu es plus mathématiques ou histoire ?
– Mathématiques !

Piste 48 Activité 3.1 .... p. 29
Mon collège, c'est le collège Léon Blum. Mon professeur préféré, c'est monsieur Simon et mon jour préféré, c'est le mercredi. Et toi ?

Piste 49 Activité 3.2 .... p. 29
Manon, Simon et Ninon ont un crayon marron.
Ton tonton s'appelle Léon et mon tonton, Siméon.

Piste 50 *Parler* au présent .... p. 30
> Mémo p. 30

Piste 51 Activité 2.2 .... p. 31
a. juin, juillet, août, septembre
b. décembre, janvier, février, mars
c. septembre, octobre, novembre, décembre
d. mars, avril, mai, juin

Piste 52 J'apprends .... p. 32
Sur une feuille de papier, avec ta règle et un crayon, trace :
– un rectangle de 4 centimètres sur 2 centimètres pour le corps ;
– des lignes de 2 fois 1 centimètre pour les bras et les jambes ;
– des carrés de 0,5 centimètres de côté pour les mains et de 1 centimètre pour les pieds.
Avec ton compas, fais un rond de 2 centimètres pour la tête.
Trace un triangle de 1,5 centimètre pour le chapeau.

Piste 53 Révise ton vocabulaire .... p. 33
> Le collège p. 33

Piste 54 Révise ton vocabulaire .... p. 33
> Les objets du collège p. 33

Piste 55 Révise ton vocabulaire .... p. 33
> Les matières scolaires p. 33

Piste 56 Révise ton vocabulaire .... p. 33
> Les jours de la semaine p. 33

Piste 57 Révise ton vocabulaire .... p. 33
> Les saisons p. 33

Piste 58 Révise ton vocabulaire .... p. 33
> Les nombres (2) p. 33

Piste 59 Indice n°1 .... p. 34
quatorze
quinze
cinquante et un
vingt-quatre
quarante-deux
quinze
trente-trois
quatorze

Prépare le DELF

Piste 60 Exercice 1 .... p. 35
Salut, c'est Maxime. Mon ami Luca est en France pour les vacances. Il est espagnol, il a 12 ans. Il parle très bien français. Viens mercredi à 14 heures, je te présente Luca. Et apporte ton cahier rouge pour les devoirs de mathématiques. C'est la matière préférée de Luca.

Piste 61 Exercice 2 .... p. 35
Salut, c'est Nina ! Je t'appelle pour le cours d'arts plastiques de jeudi. Le professeur demande un cahier, des crayons de couleurs et une gomme pour le dessin. Ah, il demande aussi de la colle ! Je n'ai pas de taille-crayon pour les crayons de couleurs. Et toi, tu as un taille-crayon ? À demain en classe !

Unité 3

Piste 62 Activité 1.1 .... p. 38
– C'est quoi ?
– C'est un DVD. Regarde !

Piste 63 Activité 1.2 .... p. 38
– Tu aimes ?
– Oui, beaucoup ! C'est un film amusant ! Il y a Max. C'est lui, là, le chien marron et blanc. Et ses amis : Chloé, la chatte grise, Pompom, le lapin blanc, et la chienne Gidget… Il y a aussi un oiseau, un tigre… bref, beaucoup d'animaux !
– On regarde ?
– Oui, bonne idée !

Piste 64 Activité 3.1 .... p. 38
a. le chat de Juju
b. j'aime
c. les animaux

Piste 65 Activité 3.2 .... p. 38
♪ Ohé… Ohé…
Vous aimez les animaux.
Oh oui… Oh oui…
Mais seulement les petits oiseaux.
Oh oui… Oh oui…

Et aussi les éléphants.
Oh oui… Oh oui…
Les éléphants vraiment grands !

Piste 66 Activité 1.2 .... p. 39
– Tu regardes quoi ?
– Des photos de mon voyage à Nantes.
– C'est quoi, ça ?
– C'est l'éléphant.
– L'éléphant ?
– Oui, c'est une machine. À Nantes, il y a la galerie
des machines. Ce sont des animaux : des oiseaux, un calamar,
une araignée… J'aime bien.

Piste 67 Activité 3.1 .... p. 39
Ce soir, l'université organise un *Escape Game* pour les nouveaux
étudiants. Beatriz aime jouer et apprendre.
– Hello ! dit une jeune femme rousse. Je m'appelle Amber, je
suis américaine. J'étudie la littérature française. J'adore Paris !
Adriana Kritter, *Qui êtes-vous, monsieur Eiffel ?*, collection « Mondes en VF ».

Piste 68 Activité 2.2 .... p. 40
a. Je n'aime pas les chiens.
b. Je ne suis pas suisse.
c. Elle ne déteste pas les araignées.
d. Il n'a pas cinq ans.
e. Elle ne s'appelle pas Pauline.
f. Son professeur n'écrit pas au tableau.

Piste 69 Activité 3 .... p. 40
a. Paul déteste les musées.
b. Et toi, tu détestes quoi ?
c. Émilie et Marc détestent les araignées.
d. Vous détestez la musique ?
e. Moi, je déteste le dessin.
f. Nous ne détestons pas dessiner.

Piste 70 Les verbes en *-er* .... p. 40
> Mémo p. 40

Piste 71 Activité 4.1 .... p. 41
Cris d'animaux

Piste 72 Le quiz des JO .... p. 42
Sydney, 2000
Athènes, 2004
Pékin, 2008
Londres, 2012
Rio, 2016
Tokyo, 2021
Paris, 2024
Los Angeles, 2028

Piste 73 Le coin des sportifs .... p. 42
J'incline la tête, doucement – 1, 2, 3, 4, 5.
Je lève les bras – 1, 2, 3, 4, 5.
Je saute – 1, 2, 3, 4, 5.

Piste 74 Activité 2.1 .... p. 43
– Léa, tu fais quoi ce week-end ?
– Samedi, j'ai foot !
– Tu fais du foot : ah bon ?! Tu ne fais pas de danse, cette année ?
– Non.
– Et tu fais des matchs ?
– Non. Et toi, tu fais quoi, cette année ?
– Moi, je fais de la natation. Et avec Choco, nous faisons aussi
du skate-board !
– Tu fais du skate-board avec ton chien ?
– Ouais… regarde.

Piste 75 Activité 3.2 .... p. 43
1. Moi, je fais de la peinture. J'adore ça !
2. Je fais du théâtre le samedi.
3. Et moi, je fais du tennis le week-end avec une amie.

Piste 76 Activité 3.3 .... p. 43
Le jeudi, j'aime jouer avec Jean et Jeanne à un jeu génial :
le jokari.

Piste 77 Activité 1.1 .... p. 44
a. le tennis
b. les matchs
c. la natation
d. les sports
e. le badminton

Piste 78 *Faire* au présent .... p. 44
> Mémo p. 44

Piste 79 Activité 2.1 .... p. 45
a. Je m'appelle Jules et j'aime écouter de la musique.
b. Moi, c'est Victor et j'adore skier.
c. Moi, c'est Amélie. J'aime danser.
d. Je m'appelle Léo et j'adore chanter.
e. Moi, c'est Lucie. J'aime beaucoup regarder des films.

Piste 80 J'apprends .... p. 46
Sons d'instruments de musique

Piste 81 Révise ton vocabulaire .... p. 47
> Les animaux p. 47

Piste 82 Révise ton vocabulaire .... p. 47
> Les verbes de loisir p. 47

Piste 83 Révise ton vocabulaire .... p. 47
> Les loisirs p. 47

Piste 84 Révise ton vocabulaire .... p. 47
> Les sports p. 47

TRANSCRIPTIONS

Unité 4

Piste 85 Activité 2.1 .... p. 52
– Léa, tu fais quoi ce week-end ?
– Ce week-end, je vais chez mes grands-parents avec mon frère. J'adore mon grand-père : il est drôle !
– Est-ce que c'est le père de ton père ?
– Non, c'est le père de ma mère. Et toi, Arthur, qu'est-ce que tu fais, ce week-end ?
– Moi, je vais à Marseille avec mes parents et ma sœur. Nous allons chez mon oncle et ma tante.
– Avec ton chien ?
– Ben oui, bien sûr !

Piste 86 Activité 3.1 .... p. 52
Léa habite avec sa famille : son père, sa mère et son petit frère Lucas. La mère de Léa s'appelle Charlotte. Elle est drôle !

Piste 87 Activité 3.2 .... p. 52
habite, famille, père, mère, frère, elle s'appelle, elle adore, drôle

Piste 88 Activité 2.1 .... p. 53
– Allô, ma chérie, ça va ?
– Bonjour grand-mère ! Oui, ça va et toi ?
– Ça va. Alors, comment ça se passe au collège ?
– Super !
– Arthur est dans ta classe cette année ?
– Oui ! Je suis super contente. Il y a Lou aussi.
– C'est génial ! Tu es avec tes deux meilleurs amis. Ça va avec Lou ?
– Oui, très bien, mais elle est un peu bavarde !
– Et Arthur ?
– Je l'adore. Il est vraiment gentil.
– Est-ce que Emma est dans ta classe ?
– Non, elle est avec Jules et Alice. Ils sont sympas aussi !

Piste 89 Activité 3.3 .... p. 53
cher Gabriel, grande, vert, frère, père, mère, travaille

Piste 90 Activité 2.1 .... p. 54
a. Elle est bavarde.
b. Elles sont grandes.
c. Elle est brune.
d. Il est mince.
e. Ils sont vieux.

Piste 91 *Aller* au présent .... p. 54
> Mémo p. 54

Piste 92 Activité 1.2 .... p. 57
– Alors, tu mets quoi samedi au mariage de ta tante ?
– Je ne sais pas !
– Qu'est-ce que tu veux porter ? Une chemise ou un tee-shirt ?
– Une chemise.
– J'aime bien, c'est chic !
– Je peux vous aider ?
– Oui. Je voudrais une chemise, s'il vous plaît.
– Oui, de quelle couleur ?
– Je porte un pantalon noir. Un jean noir.
– Alors peut-être une chemise blanche ?
– Oui, bonne idée !
– Vous voulez essayer la chemise ?
– Oui, merci.
– Et tu mets quoi comme chaussures ?
– Mes baskets noires ou mes chaussures blanches.
– J'adore tes baskets noires. Elles te vont super bien !

Piste 93 Activité 3.1 .... p. 57
– Je voudrais une jupe et un pull.
– D'accord. Et vous voulez des chaussures ? Quelle couleur ?
– Rouge, comme mes lunettes, s'il vous plaît !

Piste 94 Activité 3.2 .... p. 57
a. jouer
b. des chaussures
c. une jupe
d. rouge
e. la musique
f. une couleur

Piste 95 Activité 3.3 .... p. 57
♪ As-tu vu Lulu ?... U – U – U
Lulu et sa tortue... U – U – U
Et son amie Loulou... OU – OU – OU
Loulou aux cheveux roux... OU – OU – OU
Loulou et son chien fou... OU – OU – OU
Le chien fou de Loulou... OU – OU – OU
Il est tout choupinou... OU – OU – OU
Et c'est fou ce qu'il est roux... OU – OU – OU
Whaou !

Piste 96 Activité 2.1 .... p. 58
a. je veux
b. tu peux
c. elle veut
d. nous pouvons
e. vous voulez
f. ils veulent

Piste 97 *Vouloir* et *pouvoir* au présent .... p. 58
> Mémo p. 58

Piste 98 Révise ton vocabulaire .... p. 61
> La famille p. 61

Piste 99 Révise ton vocabulaire .... p. 61
> Les vêtements p. 61

Piste 100 Révise ton vocabulaire .... p. 61
> La description physique p. 61

Piste 101 Révise ton vocabulaire .... p. 61
> Le caractère p. 61

Prépare le DELF

Piste 102 Exercice 1 .... p. 63
Salut, c'est Tissia. Tu veux aller au zoo avec moi mercredi ? J'adore les éléphants mais je n'aime pas les tigres. Il y a aussi trois tortues, très vieilles, et six lapins noirs. Ils sont trop mignons ! À 11 heures, je fais de l'équitation : rendez-vous à 15 heures au zoo ?
Bisous

Unité 5

Piste 103 Activité 1.2 .... p. 66
– Qu'est-ce que tu fais, Élise ?
– Je regarde cette vieille publication... J'adore cet astronaute. Tiens, regarde...
– Ah oui, sympa ! Mais, ce sont des macarons, non ?
– Oui... Imagine... Manger des macarons... et dans l'espace, en plus ! Trop cool ! D'ailleurs, maman, on mange quoi ce midi ?

Piste 104 Activité 3.1 .... p. 66
1. Il est cinq heures.
2. Il est vingt-trois heures.
3. Il est deux heures.
4. Il est six heures et demie.
5. Il est onze heures quarante-cinq.

Piste 105 Activité 3.2 .... p. 66
♪ Quelle heure est-il, madame Persil ?
Cinq heures moins le quart, monsieur Quatre-quarts.
L'heure de manger le déjeuner... ? Ou celle de préparer le dîner ?
Rien de tout cela, m'sieur Chocolat.
Juste l'heure de prendre un café...
L'heure de manger un p'tit goûter.
L'heure de manger un p'tit goûter.

Piste 106 Activité 2.1 .... p. 67
Mais ils mangent quoi, ces jeunes ? Ils mangent où ? Ils aiment quoi ? Ils regardent *Top Chef* ? Ils mettent des photos de burgers sur Insta ? Je vous propose de partir à la découverte des habitudes alimentaires des ados.

Piste 107 Activité 2.2 .... p. 67
– Alors, qu'est-ce que vous aimez manger ? Sonia ?
– Moi, j'aime les pâtes, le riz et aussi les gâteaux.
– Julien ?
– Moi, j'aime tout ! Je mange des légumes, de la viande, du poisson, du fromage...
– Et toi, Élise ?
– Moi, j'adore les œufs, les frites et aussi les pizzas !
– Et vous buvez quoi ?
– Je bois de l'eau.
– De l'eau gazeuse !
– Et toi, Julien ?
– Mmmm... des sodas !

Piste 108 Activité 3.2 .... p. 67
Zélie, l'amie d'Élise, est bizarre : le matin, elle boit de l'eau gazeuse avec un zeste de citron, le midi, elle mange des pizzas et du poisson et, le soir, une salade et deux grosses sucettes !

Piste 109 Activité 1.1 .... p. 68
a. Ce matin, je vais à la piscine.
b. J'aime ces macarons.
c. Ma mère ne travaille pas ce soir.
d. Cet homme est astronaute.
e. À cette heure, il fait du sport !

Piste 110 Activité 2.2 .... p. 68
Dans cette salade composée, il y a du riz, des œufs, des tomates, du poisson, du fromage et de la sauce.

Piste 111 Activité 3.1 .... p. 68
a. Est-ce que tu manges de la viande ?
b. Est-ce que vous mangez de la salade le matin ?
c. Est-ce que, ta mère et toi, vous buvez de l'eau ?
d. Est-ce que tes parents mangent du chocolat ?
e. Est-ce que ton chat boit de l'eau ?

Piste 112 *Boire* et *manger* au présent .... p. 68
> Mémo p. 68

Piste 113 Activité 1.2 .... p. 69
1. Il est trois heures et demie.
2. Il est dix-huit heures trente.
3. Il est midi moins le quart.
4. Il est onze heures et quart.
5. Il est minuit.

Piste 114 Le coin des gourmands .... p. 70
Pour faire une crème brûlée, il faut 25cL de lait, 200g de sucre, 6 jaunes d'œuf, 40cL de crème. Bon appétit !

Piste 115 Activité 2.2 .... p. 71
1. Bonjour madame, je voudrais deux baguettes et un croissant, s'il vous plaît.
2. Bonjour monsieur, je voudrais un poulet et 250 grammes de viande hachée, s'il vous plaît.
3. Mmmm... alors, sur ma liste, j'ai 1 kilo de tomates et une salade.

Piste 116 Activité 3.1 .... p. 71
Dix oignons à trois euros !

Piste 117 Activité 3.2 .... p. 71
Il va dans une épicerie bio située près de chez lui et achète des épices, des oignons frais, de la salade, des tomates cerises, trois grosses aubergines, dix courgettes, des poireaux, du brocoli, des pommes, des poires, des figues, du raisin et des citrons. Il prend aussi deux paquets de biscuits.

Laure Mi Hyun Croset, *Après la pluie, le beau temps*, collection « Mondes en VF ».

TRANSCRIPTIONS

Piste 118 Activité 3 .... p. 72
a. Est-ce que tes amis et toi achetez des bonbons ?
b. Est-ce que tu achètes des légumes ?
c. Est-ce que tes parents achètent de la viande ?
d. Est-ce que ta famille achète beaucoup de vêtements ?
e. Est-ce que tes amis et toi achetez des sodas ?

Piste 119 *Acheter* au présent .... p. 72
> Mémo p. 72

Piste 120 Activité 3.1 .... p. 73
a. 65
b. 200
c. 80
d. 94
e. 238

Piste 121 J'apprends .... p. 74
– Alors, écoutez, c'est bientôt la fin de l'année ! Est-ce que vous voulez faire un repas français tous ensemble ?
– Oh oui, super !
– C'est une bonne idée, madame !
– Bon, il faut s'organiser ! Qui prend quoi ?
....
– Qui apporte des assiettes ?
– Moi !
– D'accord. Des verres ?
– Moi !
– Des fourchettes ?
– Moi !
– Moi !
– Moi aussi, madame !
– Madame ?
– Oui ?
– Je peux faire une liste ce soir et j'envoie un e-mail à tous.
– Oh oui ! Merci Théo, c'est très gentil.

Piste 122 Révise ton vocabulaire .... p. 75
> Les aliments p. 75

Piste 123 Révise ton vocabulaire .... p. 75
> Les commerces p. 75

Piste 124 Révise ton vocabulaire .... p. 75
> Les boissons p. 75

Unité 6

Piste 125 Activité 1.1 .... p. 78
J'habite au numéro 72, de la rue Victor Hugo, à Lyon, dans un grand appartement. Il y a six pièces et un balcon. Ma chambre est petite mais colorée. J'adore mon quartier. Il y a une boulangerie, une boucherie et même une librairie juste en bas de chez moi. Il y a beaucoup de choses à faire. Le week-end, je vais au cinéma ou à la piscine avec mes amis. Et toi, tu habites où ?

Piste 126 Activité 3.2 .... p. 78
Charles habite un chalet à Chamonix,
Sheila une maison chère à La Rochelle,
Charlotte un charmant appartement à Cherbourg.

Piste 127 Activité 2.1 .... p. 78
– Tu fais quoi ?
– J'écoute un podcast sur les moyens de transport pour mon exposé de vendredi.
– Et alors… ?
– Ben, en fait, à Lyon, on a de la chance. On peut facilement aller dans le centre-ville, en tramway, en bus ou en métro. C'est écologique et c'est pas cher. Et puis, le métro, c'est rapide. En plus, les transports en commun fonctionnent de 5 heures à minuit.
– C'est vrai… Et puis, on peut aussi aller à l'école ou au collège à vélo, comme nous ! C'est bon pour la santé. Le problème, en fait, ce sont les voitures ! Il y a toujours des embouteillages.
– Oui, mais la voiture, c'est pratique pour transporter les courses ! Imagine : aller au supermarché en skate, avec ton sac à dos. Tu ne peux pas mettre beaucoup de choses dans ton sac.
– Bah… tu sais, dans certains pays, c'est possible ! Attends, regarde…

Piste 128 Activité 3.1 .... p. 79
un bus, une voiture, un vélo, je viens, une chambre, un balcon, un voisin, la boulangerie, bavard

Piste 129 Activité 3.2 .... p. 79
♪ Je vais…
à Brest en bus
à Vannes en avion
à Bordeaux en bateau
à Versailles à vélo
à Valence en voiture…
… et à Paris à pied !

Piste 130 *Habiter* et *venir* au présent .... p. 80
> Mémo p. 80

Piste 131 Activité 1.1 .... p. 81
la chambre, les toilettes, la salle à manger, le bureau, le salon, la cuisine

Piste 132 Activité 2 .... p. 83
1. J'habite dans un immeuble en ville. Dans mon logement, il y a cinq pièces.
2. Moi, j'habite en Suisse à la montagne dans une maison en bois. Il y a un grand jardin.
3. Avec ma famille, nous habitons dans une maison près de Montréal, au Canada.
4. Avec mon père et ma sœur, on habite sur un bateau, sur le Rhône, en France.

Piste 133 Activité 2.1 .... p. 83
Pour venir chez moi, c'est super facile ! Sors de la gare du Midi. Continue tout droit dans la rue Rossini. Prends la première à gauche et va tout droit dans la rue Brogniez. Prends à droite. C'est ici, au numéro 53, en face de l'école.

Piste 134 Activité 3.1 .... p. 83
Jules se demande : c'est comment la Lune ?
Il voudrait aller sur la Lune. Ses parents disent : c'est impossible.
Il réfléchit. Une échelle ? Un escalier géant ? Non, il faut voler.
Un oiseau ? Un ballon ? Une machine volante ?
  Myriam Louviot, *Les rêves de Jules Verne*, collection « Mondes en VF ».

Piste 135 Activité 3 .... p. 84
a. On prend le métro.
b. Nous prenons la rue des Écoles.
c. Je prends le bus.
d. Tu prends à gauche.
e. Elles prennent le train.
f. Vous prenez le tram.

Piste 136 *Prendre* au présent .... p. 84
> Mémo p. 84

Piste 137 Activité 1.2 .... p. 85
a. – Tu veux du sucre dans ton café ?
– Non merci, je bois mon café sans sucre.
b. – Alors, une baguette et deux croissants. Ce sera tout ?
– Oui, merci.
– Voilà ! 3,20 €, s'il vous plaît.
c. Bonjour, il est 13 heures. Vous regardez le journal de France 3. Voici les titres d'aujourd'hui…
d. Tu peux mettre la table, s'il te plaît ? Les crêpes sont prêtes !

Piste 138 Révise ton vocabulaire .... p. 87
> Les pièces de la maison p. 87

Piste 139 Révise ton vocabulaire .... p. 87
> Les logements p. 87

Piste 140 Révise ton vocabulaire .... p. 87
> Les moyens de transport p. 87

Piste 141 Révise ton vocabulaire .... p. 87
> Les lieux de la ville p. 87

Piste 142 Révise ton vocabulaire .... p. 87
> Les nombres ordinaux p. 87

Prépare le DELF

Piste 143 Exercice 1 .... p. 91
Aujourd'hui, c'est le printemps : journée spéciale dans votre épicerie bio ! Le kilo de pommes est à 1 euro 30 et les poires sont à 1 euro 80. Nous avons aussi des aubergines pour manger avec du poisson. Et, pour le dessert, achetez des gâteaux ou des crêpes chocolat-banane, notre spécialité !

Piste 144 Exercice 2 .... p. 91
Situation n°1
– Il est grand, ton appartement, Mina !
– Oui, il y a un salon, un bureau, la chambre de mes parents. Et là, c'est ma chambre !
– Oh, elle est super belle !
Situation n°2
– Salut Malik, tu viens au collège à vélo ?
– Oui, j'habite tout près et j'adore le vélo. Et toi, tu viens comment ?
– Moi, je prends le bus parce que j'habite loin.
Situation n°3
– Salut ! Dans quelle salle est le cours d'arts plastiques ?
– C'est dans la salle 27, à gauche de la bibliothèque.
– Au premier étage ?
– Non, au rez-de-chaussée. C'est la troisième porte.
Situation n°4
– Tiens Maëlle ! Qu'est-ce que tu fais à la boulangerie ?
– J'achète du pain pour mes parents. Une baguette. Et toi ?
– Moi, j'achète des croissants : ma sœur adore ça !

Imagine… en français

Piste 145 Activité 2 .... p. 98
La recette des gaufres au chocolat
Pour 5 gaufres
- 25 multiplié par 7 grammes de farine
- 16,5 multiplié par 4 grammes de sucre
- 1 œuf
- 95 moins 40 grammes de beurre
- 1 500 divisé par 10 centilitres
- 3 grammes plus 15 grammes plus 5 grammes de cacao
- 1 gramme de sel
- 1 cuillère à café de levure

Références des images
Couverture (bm) Chris Rogers - Getty Images ; **Couverture (mg)** Silke Woweries - Getty Images ; **Couverture (md)** zinkevych - stock.adobe.com ; **Couverture (hg)** Nikada - iStockphoto ; **8 (hd5)** bubaone - iStockphoto ; **8 (hm)** champja - iStockphoto ; **8 (hd2 - hd3)** blankstock - stock.adobe.com ; **8 (hd1)** Yurii - stock.adobe.com ; **8 (hd4)** Puckung - stock.adobe.com ; **8 (bg)** Liudmyla - stock.adobe.com ; **9 (hd)** MirageC - Getty Images ; **9 (bd)** Syda Productions - stock.adobe.com ; **10 (hd)** Nikada - iStockphoto ; **10 (hd)** zinkevych - stock.adobe.com ; **10 (mg)** Chris Rogers - Getty Images ; **10 (bd)** Nikada - iStockphoto ; **10 (bd)** Silke Woweries - Getty Images ; **10 (bd)** Gregory_DUBUS - Getty Images ; **10 (bd)** Nikada - iStockphoto ; **10 (bd)** Viacheslav Lakobchuk - stock.adobe.com ; **11** Nikada - iStockphoto ; **12 (bg)** Wayhome Studio - stock.adobe.com ; **12 (mm)** M.studio - stock.adobe.com ; **12 (bd)** Cavan Images - Getty Images ; **13 (hd)** Tupungato - stock.adobe.com ; **13 (bd)** Graphi-Ogre/GeoAtlas ; **13 (m1)** Nikada - iStockphoto ; **13 (m2)** Viacheslav Lakobchuk - stock.adobe.com ; **13 (m3)** Silke Woweries - Getty Images ; **14 (hg)** Eneat - stock.adobe.com ; **14 (bg)** Natis - stock.adobe.com ; **15 (hd)** Andrei Korzhyts - stock.adobe.com ; **15 (hg)** Alena - stock.adobe.com ; **15 (hg)** yamonstro - stock.adobe.com ; **15 (hd)** Timothée de Fombelle, Vango, tome 1 : Entre ciel et terre (Collection « Folio Junior ») © Gallimard ; **16 (hd)** «Plan de métro reproduit avec l'aimable autorisation de la RAPT. Ne peut être reproduit/réutilisé/exploité sans l'accord de la RATP.» ; **16 (hg)** City of Paris - France 4K I Beauty & Dance - © Mathieu MAXIME PROD - https://www.mathieumaximeprod.com/ ; **16 (bd)** Overwatch © 2021 BLIZZARD ENTERTAINMENT, INC. TOUS DROITS RÉSERVÉS. ; **16 (bd)** SZ Photo / Scherl / Bridgeman Images ; **17 (h5)** Killian M'Bappé - un personnage de cire du Musée Grévin © Musée Grévin ; **17 (h4)** KovalenkovPetr - iStockphoto ; **17 (h1)** Anthony Ghnassia/SIPA ; **17 (h2)** Ana Arevalo/AFP Photos ; **17 (h3)** Ginies/SIPA ; **17 (mg)** akg-images/Mondadori Portfolio ; **18 (h3)** FRNCK de Bocquet Olivier et Cossu Brice © Dupuis 2021 ; **18 (h2)** © Hergé/Moulinsart - 2021 ; **18 (h1)** Marguerite Abouet et Clément Oubrerie, Aya de Yopougon, tome 1 © Editions Gallimard Jeunesse ; **18 (bd)** Lucy Lambriex - Getty Images ; **19 (hm)** Laurent Vu/SIPA ; **19 (bg)** kate_sept2004 - iStockphoto ; **19 (bd)** LJM Photo - www.agefotostock.com ; **19 (ma - md - me)** Marc - stock.adobe.com ; **19 (mb - mf)** scusi - stock.adobe.com ; **19 (mh)** appleuzr - iStockphoto ; **19 (mg)** Panptys - iStockphoto ; **19 (mc)** CoolVectorStock - stock.adobe.com ; **19 (bd)** nirodha - stock.adobe.com ; **20 (b6)** steevy84 - stock.adobe.com ; **20 (b4)** Mareen Fischinger/Westend61/Photononstop ; **20 (b1)** Johnér/Photononstop ; **20 (hg)** Paul Bradbury/Caiaimages/Photononstop ; **20 (b2)** Tom Merton - Getty Images ; **20 (b7)** Tara Moore - Getty Images ; **20 (md)** PeopleImages - iStockphoto ; **20 (b3)** hxyume - iStockphoto ; **21 (bg)** Alena - stock.adobe.com ; **22 (hd)** Nikada - iStockphoto ; **22 (mm)** J.D. Dallet - www.agefotostock.com ; **23** zinkevych - stock.adobe.com ; **24 (hd)** Une du Monde des ados (Fleurus Presse) du 26 août 2020. © Laëtitia Aynié ; **24 (mg)** Nicolas Tavernier/REA ; **25 (hd)** © Ministère de l'Education Nationale de la Jeunesse et des Sports ; **25 (hm)** Frederic Maigrot/REA ; **25 (mm)** MoMo Productions - Getty Images ; **26 (hm)** fcafotodigital - Getty Images ; **26 (bg1)** fcafotodigital - iStockphoto ; **26 (bg2)** fcafotodigital - iStockphoto ; **26 (hd)** Burak Sür - iStockphoto ; **26 (bd)** nata777_7 - stock.adobe.com ; **27 (bd)** SS1001 - stock.adobe.com ; **27 (bd)** Juulijs - stock.adobe.com ; **27 (bd)** Iurii Kachkovskyi - stock.adobe.com ; **27 (bd)** dezign56 - stock.adobe.com ; **27 (bd)** PL.TH - stock.adobe.com ; **27 (bd)** Poramet - stock.adobe.com ; **27 (bd)** Nana_studio - stock.adobe.com ; **27 (bd)** Olexandr - stock.adobe.com ; **27 (bd)** ksena32 - stock.adobe.com ; **27 (bd)** pixelrobot - stock.adobe.com ; **27 (bd)** Olexandr - stock.adobe.com ; **27 (bd)** BillionPhotos.com - stock.adobe.com ; **27 (bd)** Olivier Verriest - Getty Images ; **28 (bd)** «Enzo, 11 ans, sixième 11» de Joëlle Ecormier © Éditions Nanthan ; **28 (bd)** Sylvain Grandadam - www.agefotostock.com ; **28 (hd)** «Apatou: les enfants des Campoes font leur rentrée en pirogue», Guyane la 1ère, 3/09/2019 © INA https://www.youtube.com/watch?v=5iOvzsU6_YM Du début à 0'50'' ; **29 (hd)** golero - iStockphoto ; **30** Compassionate Eye Foundation/Robert Daly/OJO Images - Getty Images ; **31 (bd)** MARC MEINAU ; **31 (bd)** Phimchanok - stock.adobe.com ; **31 (mm)** Porcupen - stock.adobe.com ; **31 (hm)** molotovcoketail - iStockphoto ; **32** Stephen Hyde/Alamy/hemis.fr ; **34 (hd)** zinkevych - stock.adobe.com ; **35 (ma - mc)** Editions Didier ; **35 (mb)** Editions Hatier ; **35 (b1)** Nana_studio - stock.adobe.com ; **35 (b3)** Poramet - stock.adobe.com ; **35 (hb)** Olga Kovalenko - stock.adobe.com ; **35 (b4)** Andrzej Tokarski - stock.adobe.com ; **35 (b2)** pixelrobot - stock.adobe.com ; **35 (ha)** Akova - stock.adobe.com ; **35 (b5)** bohbeh - stock.adobe.com ; **36 (c)** benschonewille - stock.adobe.com ; **36 (a)** Julia Garan - stock.adobe.com ; **36 (b)** clubfoto - iStockphoto ; **37** Chris Rogers - Getty images ; **38 (bg)** "The seagull in Montserra" of Vadim Solovyev https://www.instagram.com/solo-vyewadim ; **38 (mm)** Chalabala - stock.adobe.com ; **38 (hd)** Comme des bêtes 2, 2019 de Chris Renaud et Jonathan Del Val. COLLECTION CHRISTOPHEL © Universal Pictures - Universal Animation Studios - Illumination Entertainment - Dentsu - Fuji Television ; **39 (mb)** Bertrand Rieger/hemis.fr ; **39 (mh)** FG Trade - iStockphoto ; **39 (hd)** Zoonar/Thomas Dutour - www.agefotostock.com ; **39 (mg)** Sergey Lavrentev - stock.adobe.com ; **39 (hd)** Adono - stock.adobe.com ; **39 (bd)** Sergey Lavrentev - stock.adobe.com ; **39 (bd)** Adono - stock.adobe.com ; **40** Artur Debat - Getty Images ; **41 (bd)** Eric Isselée - stock.adobe.com ; **41 (h1)** JohanSwanepoel - stock.adobe.com ; **41 (mm)** Sergey Lavrentev - stock.adobe.com ; **41 (mm)** Adono - stock.adobe.com ; **41 (h2)** FurryFritz - stock.adobe.com ; **41 (h3)** Kseniya Abramova - stock.adobe.com ; **41 (h4)** cynoclub - stock.adobe.com ; **41 (h5)** marilyn barbone - stock.adobe.com ; **41 (mm)** peregrinus - stock.adobe.com ; **41 (mm)** Graphi-Ogre/GéoAtlas ; **41 (mm)** goodvector - iStockphoto ; **41 (mm)** rambo182 - iStockphoto ; **42 (mg)** Wikipédia ; **42 (md)** © CCI / Bridgeman Images ; **42 (hd)** Rodrigo Reyes Marin/ZUMA Wire/Alamy/hemis.fr ; **42 (bd)** Art inspiring - stock.adobe.com ; **42 (hg)** daniilvolkov - stock.adobe.com ; **43 (b)** Prostock-studio/Alamy/hemis.fr ; **43 (a)** Gorilla - stock.adobe.com ; **43 (c)** Hill Street Studios - Getty Images ; **43 (hg)** Alexander Hassenstein/AFP Photoss ; **43 (bd)** THEPALMER - iStockphoto ; **43 (mm)** Chany167 - stock.adobe.com ; **44 (bd)** Pekic - iStockphoto ; **44 (hm)** Rido - stock.adobe.com ; **44 (m2)** SouStock - iStockphoto ; **44 (m3)** Morsa Images - iStockphoto ; **45 (bd2)** michaeljung - stock.adobe.com ; **45 (bd1)** oleg66 - Getty Images ; **45 (c)** C-You - stock.adobe.com ; **45 (b)** pbombaert - stock.adobe.com ; **45 (c)** Aleksss - stock.adobe.com ; **45 (d)** lilkin - stock.adobe.com ; **45 (e)** Magdalena - stock.adobe.com ; **45 (mg)** rambo182 - iStockphoto ; **45 (bd)** rambo182 - iStockphoto ; **45 (mg)** goodvector - iStockphoto ; **46 (hm)** Bertrand Rieger/hemis.fr ; **46 (bg)** Daisy Daisy - stock.adobe.com ; **48 (hd)** Chris Rogers - Getty Images ; **48 (mm)** cynoclub - stock.adobe.com ; **49-50** Les Carnets de Cerise, tome 1 de Joris Chamblain & Aurélie Neyret © Editions DELCOURT, 2012 - Ouvrage publié dans la collection Métamorphose dirigée par Barbara Canepa et Clotilde Vu. ; **51** Nikada - Getty Images ; **52 (hd)** Les Cahiers d'Esther, Histoires de mes 10 ans, Riad Sattouf, Allary Éditions, © 2016 ; **52 (mm)** Nikada - iStockphoto ; **52 (bg)** Franzi draws - stock.adobe.com ; **53 (mg)** «Petit Pays» de Gael Faye © Editions Grasset & Fasquelle, 2016 ; **53 (bd3)** mimagephotos - stock.adobe.com ; **53 (bd2)** exopixel - stock.adobe.com ; **53 (bd1)** alexxx1981 - iStockphoto ; **54 (mm)** Eneat - stock.adobe.com ; **54 (bg - bd - bm)** VIAR PRO studio - stock.adobe.com ; **55 (bd)** ; ASTÉRIX®-OBÉLIX®-IDÉFIX®/ ©2021 LES ÉDITIONS ALBERT RENÉ/GOSCINNY - UDERZO ; **55 (m1 - m2 - b1-b2)** SolStock - Getty Images ; **55 (h1 - h2 - m3 - m4 - b3)** Stígur Már Karlsson/Heimsmyndir - Getty Images ; **55 (bg)** Syspeo/SIPA ; **56 (md)** La femme en rouge, Andrée Chédid - © Editons Flammarion ; **56 (bd)** Sophie Bassouls - Getty Images ; **56 (bd)** Un Monstre à Paris 3D, 2011 - Réalisateur : Bibo Bergeron © Europacorp/Bibo films/France 3 Cinéma/Walking the dog/Collection Christophel ; **56 (hg)** «Les cinq dernières minutes : Famillle Chedid», 13heures, diff 04/06/2015 © INA ; **57 (bd)** Pascal BROZE/Onoky/Photononstop ; **57 (hd)** Nomad_Soul - stock.adobe.com ; **58** wundervisuals - iStockphoto ; **59 (b2)** Fuse - Getty Images ; **59 (md)** WavebreakMediaMicro - stock.adobe.com ; **59 (b1)** Kostiantyn - stock.adobe.com ; **59 (b4)** mustafagull - stock.adobe.com ; **59 (b3)** PeopleImages - stock.adobe.com ; **59 (h1)** Marisa Lia - stock.adobe.com ; **59 (h2)** kitthanes - stock.adobe.com ; **59 (h3)** nata777_7 - stock.adobe.com ; **59 (h4)** Production Perig - stock.adobe.com ; **59 (h6)** elenarostunova - stock.adobe.com ; **59 (h7)** Khvost - stock.adobe.com ; **59 (h8)** Africa Studio - stock.adobe.com ; **59 (h5)** rolleiflextlr - stock.adobe.com ; **60 (hd)** Viacheslav Lakobchuk - stock.adobe.com ; **60** valentinavectors - stock.adobe.com ; **60** streptococcus - stock.adobe.com ; **60** streptococcus - stock.adobe.com ; **62 (hd)** Nikada - Getty Images ; **62 (mg3)** Liaurinko - stock.adobe.com ; **62 (mg2)** yod77 - stock.adobe.com ; **62 (bm)** Polina Ekimova - iStockphoto ; **62 (mg1)** i3d_vr - stock.adobe.com ; **63 (bd)** nata777_7 - stock.adobe.com ; **63 (bd)** i3d_vr - stock.adobe.com ; **63 (a)** Magdalena - stock.adobe.com ; **63 (b)** Marisa Lia - stock.adobe.com ; **63 (c)** Yurdakul - iStockphoto ; **64 (a)** cipariss - stock.adobe.com ; **64 (b)** ozaiachin - stock.adobe.com ; **64 (c)** Lidiya - stock.adobe.com ;

65 Silke Woweries - Getty Images ; **66 (m2)** fuadoglu - stock.adobe.com ; **66 (m1)** davooda - stock.adobe.com ; **66 (m3)** sharpnose - stock.adobe.com ; **66 (m4)** sharpnose - stock.adobe.com ; **66 (m5)** sharpnose - stock.adobe.com ; **66 (hd2)** European Space Agency (ESA)/ North American Space Agency (NASA)/AFP Photoss ; **66 (hd1)** Silke Woweries - Getty Images ; **66 (bd)** sdecoret - stock.adobe.com ; **66 (bg)** pixelrobot - stock.adobe.com ; **67 (hg)** Géo Ado n°218 avril 2021 © Milan Presse ; **67 (bg)** paul mansfield photography - Getty Images ; **67 (md)** MicroOne - stock.adobe.com ; **67 (md)** imagesetc - stock.adobe.com ; **67 (md)** robert6666 - stock.adobe.com ; **67 (md)** tashka2000 - stock.adobe.com ; **67 (md)** phtoka - stock.adobe.com ; **67 (md)** Mara Zemgaliete - stock.adobe.com ; **67 (md)** New Africa - stock.adobe.com ; **67 (md)** Chaded - stock.adobe.com ; **67 (md)** phtoka - stock.adobe.com ; **67 (md)** DenisMArt - stock.adobe.com ; **67 (md)** bigacis - stock.adobe.com ; **67 (md)** indigolotos - stock.adobe.com ; **67 (md)** Alena - stock.adobe.com ; **67 (md)** Christoph Hetzmannseder - Getty Images ; **67 (hg)** Mara Zemgaliete - stock.adobe.com ; **67 (hg)** valiza14 - stock.adobe.com ; **68** Maksim Shmeljov - stock.adobe.com ; **69 (mg)** Nikada - iStocphoto ; **69 (hm)** pixelrobot - stock.adobe.com ; **69 (bd)** streptococcus - stock.adobe.com ; **69 (bd)** by-studio - stock.adobe.com ; **69 (bd)** AlenKadr - stock.adobe.com ; **69 (bd)** Gresei - stock.adobe.com ; **69 (bd)** Paul Bodea - stock.adobe.com ; **69 (bd)** Tomboy2290 - stock.adobe.com ; **69 (bd)** Andre - stock.adobe.com ; **69 (bd)** Leonid Nyshko - stock.adobe.com ; **69 (bd)** ovydyborets - stock.adobe.com ; **69 (bd)** valery121283 - stock.adobe.com ; **69 (bd)** Sergii Moscaliuk - stock.adobe.com ; **69 (bd)** Unclesam - stock.adobe.com ; **69 (bd)** gavran333 - stock.adobe.com ; **69 (bd)** andriigorulko - stock.adobe.com ; **69 (bd)** valery121283 - stock.adobe.com ; **69 (bd)** Chlorophylle - stock.adobe.com ; **69 (bd)** whitestorm - stock.adobe.com ; **69 (bd)** Couverture de la BD Yasmina et les mangeurs de patates de Mannaert Wauter ©Editions Dargaud ; **70 (hd)** Prisma by Dukas Presseagentur GmbH/Alamy/hemis.fr ; **70 (hg)** Découverte : le tour du monde en un coup de fourchette (Météo à la carte - France TV - France 3) ; **70 (hd)** Robert Przybysz - stock.adobe.com ; **70 (g1)** ilolab - stock.adobe.com ; **70 (g2)** ALF photo - stock.adobe.com ; **70 (g3)** Brent Hofacker - stock.adobe.com ; **70 (g4)** Jérôme Rommé - stock.adobe.com ; **70 (g5)** PhotoKD - stock.adobe.com ; **70 (g6)** michel BORDIEU - stock.adobe.com ; **70 (g7)** exclusive-design - stock.adobe.com ; **71 (mm)** pixelfit - stock.adobe.com ; **71 (mg)** golero - stock.adobe.com ; **71 (md)** JackF - stock.adobe.com ; **71 (bd)** Imgorthand - iStockphoto ; **71 (md)** Vladislav Nosik - stock.adobe.com ; **71 (ha)** Roland Magnusson - stock.adobe.com ; **71 (hb)** baibaz - stock.adobe.com ; **71 (hc)** atoss - stock.adobe.com ; **71 (hd)** Sergii Moscaliuk - stock.adobe.com ; **71 (he)** Mariusz Blach - stock.adobe.com ; **72 (m1)** ZoomTeam - stock.adobe.com ; **72 (m2)** Nataliya - stock.adobe.com ; **72 (m3)** M.studio - stock.adobe.com ; **72 (m4)** qwartm - stock.adobe.com ; **72 (m5)** New Africa - stock.adobe.com ; **72 (m6)** DAVID - stock.adobe.com ; **72 (bd)** Anchiy - stock.adobe.com ; **73 (hd)** Africa Studio - stock.adobe.com ; **73 (m1)** Johner Images/Alamy/hemis.fr ; **73 (b)** mauritius images GmbH/Alamy/hemis.fr ; **73 (d)** Jean-Pierre Degas/hemis.fr ; **73 (c)** Bertrand Gardel/hemis.fr ; **73 (a)** Catherine Leblanc/Godong/Photononstop ; **74 (bg)** Sergey Novikov - stock.adobe.com ; **74 (md)** SimpLine - stock.adobe.com ; **76 (bd)** Silke Woweries - Getty Images ; **76 (md2)** Kittichai - stock.adobe.com ; **76 (md1)** thanamat - stock.adobe.com ; **76 (md3)** bajinda - stock.adobe.com ; **76 (md4)** Mara Zemgaliete - stock.adobe.com ; **77 (hm)** Gregory_DUBUS - Getty Images ; **77 (mg)** Nikada - iStockphoto ; **77 (md)** Viacheslav Lakobchuk - stock.adobe.com ; **78 (md3)** Picturereflex - stock.adobe.com ; **78 (md2)** Elisa Locci - stock.adobe.com ; **78 (bd)** Harald Biebel - stock-adobe.com ; **78 (md1)** Gim42 - stock.adobe.com ; **79 (mg1)** Nikada - iStockphoto ; **79 (mg2)** REUTERS/ Nir Elias (CHINA) ; **79 (hm)** Laurent Moreau/hemis.fr ; **79 (hm)** Donald Iain Smith - Getty Images ; **79 (md)** Francis Demange/SIPA ; **80 (h1)** sergiy1975 - stock.adobe.com ; **80 (h2)** tarasov_vl - stock.adobe.com ; **80 (h3)** Onigiri - stock.adobe.com ; **80 (hg)** godfer - stock.adobe.com ; **81 (bd)** Sebastien ORTOLA/REA ; **81 (f)** Florence Piot - stock.adobe.com ; **81 (a)** Bakerjarvis/Alamy/hemis.fr ; **81 (d)** Jean-François Hagenmuller/hemis.fr ; **81 (i)** ah_fotobox - stock.adobe.com ; **81 (k)** Ieremy - iStockphoto ; **81 (k)** cherstva - iStockphoto ; **81 (h)** Ieremy - iStockphoto ; **82 (bg)** Transports en Commun Lyonnais (TCL) est organisé et développé par : Le Syndicat Mixte des Transports pour le Rhône et l'Agglomération Lyonnaise (SYTRAL) ; **82 (bg)** Bridgeman Images ; **82 (md)** René Mattes/hemis.fr ; **82 (bd)** GM Photo Images/Alamy/hemis.fr ; **82 (bd)** "Lyon (France) - Ville de Lumière (4K) - © Mathieu MAXIME PROD - https://www.mathieumaximeprod.com/ ; **83** Données cartographiques © 2021 Google/Google Maps ; **83 (md)** Google Maps ; **83 (bg)** John Thys/AFP Photoss ; **83 (bd)** Westend 61/hemis.fr ; **83 (hd)** Tim de Waele/AFP Photoss ; **83 (bd)** © Hergé/Moulinsart - 2021 ; **84 (bd)** Kerkez - iStockphoto ; **85** AlexOakenman - stock.adobe.com ; **86** © Aurélia Visuels ; **88** Camille Moirenc/hemis.fr ; **89-90** FRNCK - Tome 2 - «Le baptême du feu» - image 16 et 17 de Bocquet Olivier et Cossu Brice © Dupuis 2021 ; **91 (bc)** svetamart - stock.adobe.com ; **91 (bb)** Photobeps - stock.adobe.com ; **91 (ba)** Brad Pict - stock.adobe.com ; **91 (ha)** atoss - stock.adobe.com ; **91 (hb)** volff - stock.adobe.com ; **91 (hc)** Natika - stock.adobe.com ; **92 (b2 - b3 - b4)** Tania - stock.adobe.com ; **92 (b1)** DenisMArt - stock.adobe.com ; **94 (hd)** Beboy - stock.adobe.com ; **94 (bg)** Peter Hermes Furian - stock.adobe.com ; **94 (bg)** Compassionate Eye Foundation/Martin Barraud - Getty Images ; **95 (hd)** Vasarély, Victor "Alphabet A.B.C.", 1965. Collection privée © AKG Images © Adagp, Paris 2021 ; **95 (mg)** Vasarély, Victor "VEGA © Adagp, Paris 2021 ; **95 (bg)** Compassionate Eye Foundation/Martin Barraud/Getty Images ; **95 (bd2)** Marc - stock.adobe.com ; **95 (bd5)** Matsabe - stock.adobe.com ; **95 (bd3)** rizqiono - stock.adobe.com ; **95 (bd4)** endstern - stock.adobe.com ; **95 (hg)** Anna - stock.adobe.com ; **95 (bd1)** Aaltazar - stock.adobe.com ; **96 (hd)** Avalon_Studio - iStockphoto ; **96 (m2)** enens - stock.adobe.com ; **96 (bd)** hugues martin - stock.adobe.com ; **96 (b1)** vadarshop - stock.adobe.com ; **96 (m1)** diy13 - stock.adobe.com ; **96 (m3)** Azaliya (Elya Vatel) - stock.adobe.com ; **96 (m4)** PANDA - stock.adobe.com ; **96 (m5)** Svetoslav Radkov - stock.adobe.com ; **97 (bg)** « José Féron Romano, La bête du Gévaudan © Le Livre de Poche Jeunesse, 2008 » ; **97 (h2)** Wikimedia commons ; **97 (h2)** Nicolas Briquet/ABACAPRESS ; **97 (h3)** Photothèque Hachette ; **97 (h4)** Gallimard via Opale/Leemage ; **97 (h6)** Foto-Ruhrgebiet - stock.adobe.com ; **97 (h1)** Louis Monier/Bridgeman Images ; **98 (hd)** Syda Productions - stock.adobe.com ; **98 (hd)** Sea Wave - stock.adobe.com ; **97 (h5)** Foto-Ruhrgebiet - stock.adobe.com ; **99 (h3)** Albert Lynch « Jeanne d'Arc » 1903 ; **99 (h4)** Photothèque hachette ; **99 (h1)** STF / AFP Photoss ; **99 (h2)** MAMODA - stock.adobe.com ; **99 (bg)** Jean-Christophe BENOIST/Wikipédia ; **100** Nikada - iStockphoto ; **104 (h1)** pict rider - stock.adobe.com ; **104 (h2)** pict rider - stock.adobe.com ; **106** golero - stock.adobe.com ; **107** Nikada – iStockphoto.

Références des textes
28 Enzo, 11 ans, sixième 11 de Joëlle Ecormier © Éditions Nathan ; **83** Monde en VF : Les rêves de Jules Verne de Myriam Louviot - © Editions Didier.

Références des audios
chapitre 5 Podcast : les mystérieuses habitudes alimentaires des ados, le 06/06/2019 par Mia Assor / maison de production est Mukashi Mukashi © Culture Miam.
chapitre 6 Monde en VF : Les rêves de Jules Verne de Myriam Louviot - © Éditions Didier.

Références des vidéos
chapitre 1 City of Paris - France 4K I Beauty & Dance - © Mathieu MAXIME PROD - https://www.mathieumaximeprod.com/ ; **chapitre 2** «Apatou: les enfants des Campoes font leur rentrée en pirogue», Guyane la 1ère, - © INA ; **chapitre 3** serg - stock-adobe.com ; forrestbrown - stock-adobe.com ; daniilvolkov - stock-adobe.com ; StockVideoFactory - stock-adobe.com ; Daxiao Productions - stock-adobe.com ; Zefart - stock-adobe.com ; Seventyfour - stock-adobe.com ; Serg - stock-adobe.com ; Daniel - stock-adobe.com ; andreybiling - stock-adobe.com ; **chapitre 4** «Les cinq dernières minutes : Famillle Chedid», 13heures, diff 04/06/2015 © INA ; **chapitre 5** Découverte : le tour du monde en un coup de fourchette (Météo à la carte - France TV - France 3) Enibas Productions ; **chapitre 6** «Lyon (France) - Ville de Lumière (4K) - © Mathieu MAXIME PROD - https://www.mathieumaximeprod.com/

Malgré nos efforts, il nous a été impossible de joindre certains auteurs ou leurs ayants droit pour certains documents, afin de solliciter l'autorisation de reproduction, mais nous avons naturellement réservé en notre comptabilité des droits usuels.